Legal Study on China's Sovereignty
over NANSHA Islands

南沙群岛主权法理研究

杨翠柏 / 著

商务印书馆
创于1897 The Commercial Press

2015年·北京

图书在版编目（CIP）数据

南沙群岛主权法理研究/杨翠柏著. —北京:商务
印书馆,2015
ISBN 978 - 7 - 100 - 11103 - 4

Ⅰ.①南… Ⅱ.①杨… Ⅲ.①南沙群岛问题—研究
Ⅳ.①D823

中国版本图书馆 CIP 数据核字(2015)第 051562 号

南沙群岛主权法理研究

杨翠柏　著

商 务 印 书 馆 出 版
（北京王府井大街36号　邮政编码100710）
商 务 印 书 馆 发 行
北京天时彩色印刷有限公司印刷
ISBN　978 - 7 - 100 - 11103 - 4

2015 年 6 月第 1 版　　　　　开本　880×1230　1/32
2015 年 6 月北京第 1 次印刷　印张　6¼
定价：29.00 元

目　录

序　言

　　《南沙群岛主权法理研究》是我十年前《南沙群岛法律问题研究》的修订版。2003年7月出版时，由于出版社的多重顾虑，以公开出版内部发行的方式出版；这就导致该书无法公开出售，一些读者买不到该书，一位远在新加坡的华人读者只好让我邮寄给他。

　　十年过去了，南海问题不仅没有得到解决，各方矛盾愈加尖锐。就连"搁置争议，共同开发"这一中国单方良好的愿望也迟迟不能实现。

　　域外大国美国、日本，质问中国对南沙群岛的主权；区域外的其他一些国家也对中国在南海的权利主张持有怀疑态度。造成这种局面的原因是多方面的。作者认为，在众多原因中，有一个重要原因是中国在南海的主张及历史与法理依据皆中文记载，外国人难以阅读。特别是浩繁的历史证据，更是今日绝大多数中国人都难以读懂的文言文，外国人更加难以阅读。所以希望把十年前的著作充实部分内容再版，并借再版时机，有望通过国际版权贸易将其译介给域外读者。

　　中国拥有充分的历史证据和法理依据来证明中国对南海断续线内海域享有历史性权利，对断续线内各岛屿及其附近海域享有无可争辩的主权及主权权利。早在两千多年前的中国汉代，中国人民就发现南海各岛礁并进入南海进行渔业活动。南沙群岛便是中国渔民，特别是海南省渔民生产活动的重要场所，并由此构成了中国人民生产与生活的重要经济圈。中国历代政府建立并不断完善南海行政管理机构。在两千多年的发展过程中，南沙群岛都在中国的管辖下。只是在二战期间,日本帝国主义侵略中国时侵占了南沙群岛。但是,1946 年 11 月,根据《开罗宣言》和《波茨坦公告》,中华民国行政院命令海军总司令部、内政部协助广东省政府接收南海诸岛,并派太平舰、中业舰接收当时名为团沙群岛,永兴舰、中建舰接收西沙群岛,同年 12 月任务完成。为纪念太平舰、永兴舰之行之盛举,奉命将长岛改名为太平岛,林岛更名为永兴岛。民国政府以西鸟岛又名斯巴特列岛,远处南疆,特改为南威岛。内政部为调整各群岛名称,复将团沙群岛(即日本人所称之"新南群岛",西方人所称之 Spratly 群岛)改为南沙群岛,原称之南沙群岛则改为中沙群岛,以符诸岛在南海所处之位置。其余各岛洲礁多以历朝出任南洋使节之名以名之,以志纪念。1947 年,民国政府公布"南海诸岛位置图",划上 11 条"断续线",以作为"中外之界",并出版包括南沙群岛在内的大量中国地图。中国方面 1947 年 1 月 16 日由国防部主持召开了西南沙群岛建设实施会议,会议决定成立海南特别行政区,西、南沙群岛由海南管辖。该决定 1 月 27 日由行政院壹字第 1117 号令公布。针对法国、菲律宾两国的动向,1949 年 6 月 6 日,中华民国总统蒋介石公布了"海南特区行政长官公署组织条例",该条例的第 1 条明确规定"海南特区包括东沙、西沙、中沙、南沙诸岛及大小岛屿、滩、沙、暗礁"。这些更是一种现代国际法意义上的主权宣示。

1949 年,中国政府更迭,中华人民共和国成立。1958 年中国政府发表《关于领海的声明》,其中第 1 条规定:"中华人民共和国的领海宽度为 12 海里。这项规定适用于中华人民共和国的一切领土,包括中国大陆及其沿海岛屿,和同大陆及其沿海岛屿隔有公海的台湾及其周围各岛、澎湖列岛、东沙群岛、西沙群岛、中沙群岛、南沙群岛以及其他属于中国的岛屿。"1959 年,中华人民共和国政府设立了西沙群岛、南沙群岛、中沙群岛办事处,由海南行政区领导,管辖西沙群岛、中沙群岛、南沙群岛的岛礁及其海域。1988 年撤销海南行政区,设立海南省,西沙群岛、南沙群岛、中沙群岛办事处相应划归海南省管辖。1992年2月25日,中华人民共和国第七届全国人民代表大会常务委员会通过的《中华人民共和国领海及毗连区法》第2条规定:"中华人民共和国的陆地领土包括中华人民共和国大陆及其沿海岛屿、台湾及其包括钓鱼岛在内的附属各岛、澎湖列岛、东沙群岛、西沙群岛、中沙群岛、南沙群岛以及其他一切属于中华人民共和国的岛屿。"

2012年6月21日,中华人民共和国国家民政部发布公告称,国务院已于近日批准,撤销海南省西沙群岛、南沙群岛、中沙群岛办事处,设立地级三沙市,管辖西沙群岛、中沙群岛、南沙群岛的岛礁及其海域。三沙市人民政府驻西沙永兴岛。设立三沙市有利于进一步加强中国对西沙群岛、中沙群岛、南沙群岛的岛礁及其海域的行政管理和开发建设,保护南海海洋环境。

此外,《联合国海洋法公约》(以下简称《公约》)于1994年生效,因此《公约》不能追溯既往地适用于中国对南海诸岛礁及相关海域在两千多年前就已形成的主权、主权权利和管辖权。《公约》也不适用于海洋岛礁归属权的调整,因为海洋法包含丰富的法律体系,而非仅仅是《公约》。美国并非《公约》成员国,却一直主张依据《公约》挑衅中国南海主权,此非合理之举。同时,《公约》承认各国关于海洋和岛礁的历史性权利。在这种情况下,中国仍提出"搁置争议,共同开发"的主张,已经显示出中国以与周边国家建立和睦关系为宗旨的原则,显示出中国最大的诚意和妥协态度。

在中国对南沙群岛行使主权的两千年时间里,周边国家和地区要么是对中国在南海的主权及权利予以承认,要么是自己尚未形成国家。也就是说,直到20世纪70年代末,即南海发现了丰富的石油资源后,周边国家才对中国的主权提出质疑。不仅如此,1933年法国欲占南沙岛礁时,引起中国、日本、法国三国外交争端,这时的菲律宾为美国所属,美国领有菲律宾政府宣称,"既不考虑该群岛是菲律宾领海,复以该问题无关菲律宾之利益,由此菲律宾总督府亦不关心此事"。① 1956年,菲律宾政府的一个专门委员会在对南沙群岛法律地位进行讨论后确认:该群岛"并不处在菲律宾的领土范围以内"。②

在 1956 年 6 月 15 日越南民主共和国副外长雍文谦和外交部亚洲司代司长黎禄会见中华人民共和国驻河内临时代表李志民时,雍文谦声明,"根据越南的资料显示,西沙群岛和南沙群岛应属于中国领土。"同时,黎禄也补充说,"西沙群岛和南沙群岛早在宋朝时就已经属于中国了。"③在我国 1958 年 9 月 4 日发表领海声明后两个多星期,越南政府总理范文同便致函我国总理周恩来,代表越南民主共和政府表示承认和赞成中国关于领海的声明。信中指出:"越南民主共和国政府尊重这项决定,并将指示负有职责的国家机关,凡在海面上和中华人民共和国发生关系时,要严格尊重中国领海宽度为 12 海里的规定。"④就连越南的中学教科书都承认中国对南沙群岛的领土主权:"从南沙、西沙各岛到海南岛、台湾、澎湖列岛、舟山群岛形成的弧形岛环,构成了保卫中国大陆的一道长城。"⑤越南中学教科书都如此承认,表明越南政府及其民众普遍对中国拥有南沙群岛领土主权不存在任何怀疑。

1943 年中美英三国发表《开罗宣言》,明确承认:"三国之宗旨……在使日本所窃取的中国领土,如满洲、台湾、澎湖列岛等,归还中华民国。"⑥

---

① 日本昭和 14 年东亚情报 326 号 13—21 页,转引自韩振华主编:《我国南海诸岛史料汇编》,东方出版社 1988 年版,第 260—261 页。

② 《光明日报》1956 年 6 月 1 日。

③ 陈荆和:《西沙群岛与南沙群岛——历史的回顾》,创大亚洲研究,1989 年第 10号,第 53 页。

④ 《人民日报》1958 年 9 月 22 日第三版。

⑤ [越南]《普通学校九年级地理教科书》,"中国"部分,越南教育出版社 1974 年版。

⑥ 《国际条约集》(1934—1944 年),世界知识出版社 1966 年版,第 407 页。

自第一次世界大战以后，日本窃取了大量中国领土，其中包括南沙群岛。日本在侵占我南沙群岛后，将其改名为"新南群岛"，并置于台湾高雄行政管辖之下，因此，《开罗宣言》中提及将"满洲、台湾、澎湖列岛等，归还中华民国"，自然就应该归还南沙群岛。1945年7月中美英三国签署《波茨坦公告》又重申："《开罗宣言》之条件必将实施，而日本之主权必将限于本州、北海道、九州、四国及吾人所决定其他小岛之内。"①

1971年英国驻新加坡一位高级专员说，南威岛（南沙群岛中第四大岛，位于南沙群岛南部）是中国属地，为广东省的一部分……。在战后归还中国。我们找不到曾被任何国家占有的任何迹象，因此，只能作结论说，它至今仍为共产党中国所有。② 苏联政府认为被日本军国主义分子分割出去的台湾、澎湖、西沙群岛以及其他的岛屿，都是中国领土不可分割的部分，应无条件返还中国。就连南海近邻印度尼西亚也承认南沙群岛属于中国。印度尼西亚外交部部长马利克在1974年2月4日，对记者发表谈话声明，中国对南沙群岛和西沙群岛拥有主权。"如果我们看一看现在发行的地图，就可以从图上看到帕拉塞尔群岛（西沙群岛）和斯普拉特利群岛（南沙群岛）都是属于中国的，而且从未有人对此提出抗议。"美国一位参议员迈克·曼斯菲尔德在1974年4月也明确指出："这里包括目前台湾、日本和中华人民共和国发生争执的尖阁群岛（钓鱼岛）、斯普拉特利群岛（南沙群岛）和帕拉塞尔群岛（西沙群岛）等岛屿，对所有这些岛屿，中华人民共和国都提出了主权要求，根据历史前例来看，他们对所有这些岛屿的要求都是很有理的。"③

可见，二战后世界上的主要大国及南海相关邻国都主张南海各岛礁

---

① 《国际条约集》(1945—1947年)，世界知识出版社1959年版，第77页。
② 香港《远东经济评论》，1973年12月31日，第39页。
③ 转引自韩振华：《我国南海诸岛史料汇编》，东方出版社1988年版，第557页。

属于中国。即使到了今天,国际社会中了解南海历史的国家仍尊重中国对南海的主权。2014 年 6 月 30 日,新加坡外交部部长兼律政部长尚穆根在智库国际战略研究所的论坛上,向与会的近 200 名外国使节和学者讲到:"将中国的立场与东盟支持国际法的立场对立,意味中国不遵守国际法。我想这不是最正确的说法。不幸的是,国际媒体倾向反华,令我们不能得知完整的事实。"他说:"我不是要为中国辩护或者对其他国家表示支持,新加坡完全中立。但事实是,中国宣称有许多岛礁的主权,《联合国海洋法公约》并不涵盖岛礁主权,有关主权的声索取决于国际法下的一些因素,包括历史所有权,历史依据是否充分则另当别论。"①

　　以菲律宾、越南为代表的南海周边国家,不仅不愿意与中国谈判解决南海问题,反而不断蚕食中国在南海的领土,源源不断地攫取中国南海断续线内的油气资源。菲律宾破旧军舰坐滩仁爱礁,肆意抓扣中国管辖海域正常作业的中国渔民,越南不断冲撞中国在西沙群岛海域的"981"石油勘探船。更有甚者,菲律宾违反国际法和国际关系中的基本准则,单方面把中国告上联合国国际海洋法庭。而在 2006 年签署《公约》时,中国已经发表了正式声明,根据《公约》第 298 条例外条款的规定,排除了将领土主权,包括岛礁争端,军事活动和其他活动的争端诉诸国际仲裁。菲律宾、越南作为南海最大的获利者,却不断挑战国际法的权威和中国对南沙群岛的主权。作者认为,中国政府必须不断强化南海立法、南海行政管辖与执法活动,加快南沙群岛海域资源的勘探与开发、南海岛屿建设。同时,应在尊重历史事实和国际法的基础上,与直接当事方通过和平协商谈判解决南海争端。

---

　　① http://news.sina.com.cn/c/2014-07-02/084330457695.shtml,2014 年 7 月 3 日访问。

第一章　概论

第一节　多维视角中的南沙群岛

一、南沙群岛的自然特征

南沙群岛位于北纬 3 度 36 分至北纬 11 度 57 分、东经 109 度 06 分至 117 度 50 分之间,是我国南海四个群岛中岛屿分布范围最广、岛礁数目以及与邻近国家最多的珊瑚群岛,也是我国古代渔民捕鱼作业最远的海域。

南沙群岛东西长约 905 公里,南北宽约 887 公里,面积约为 823,000 平方公里。群岛的最东端为海马滩,最西端为万安滩,最南端为曾母暗沙,最北端为雄南礁。

根据航空和卫星照片,在南沙群岛有 310 座岛屿、沙洲、礁滩。目前已经命名的岛、洲、礁、沙滩共有 189 座,其中岛屿 14 座,沙洲 6 座,暗礁 113 座,暗沙 35 座,暗滩 21 座。① 南沙群岛中较大的岛屿有 10 多座,其中海拔最高的是鸿庥岛,高出海面 6 米;最大的岛屿是太平岛,面积为 0.432 平方公里。

南沙群岛分布格局与海底地质有关。南海的地质构造十分复杂,

---

① 吴仕存:《南沙争端的由来与发展》,海洋出版社 1999 年版,第 56 页。

从整体上看,其海底形似一菱形的巨大盆地,也就是南海海盆。由于地壳运动的作用,形成了许多深且大的海沟。南沙群岛分布在南海南部的大陆坡台阶上。台阶位于陆坡中部,深度约为 2000—2500 米。南沙群岛的走向为东北—西南,长约 780 公里,宽约 320 公里。顶部起伏平缓,断裂构造形成纵横交错的长至数百公里,宽至数十公里的槽谷网。这一广阔的南沙台阶便是南沙群岛发育的基石。在基底构造线的控制下,南沙群岛呈北东—南西向、北西—南东向、南—北向、东—西向的分布格局。谢以萱据此将其分为中北、东、西、南四大群。① 鞠继武将其分为北、东北、东南、南、西南五大群。② 刘宝银在其编著的《南沙群岛 东沙群岛 澎湖列岛》中,将南沙群岛分为危险地带外南部、危险地带内中南部、危险地带内东南部与东北部、危险地带外西南部、危险地带北部与西北部等五大群。③ 这三种分法侧重点不同,各有千秋,值得注意。尽管分法不同,都反映了南沙群岛分布的基本特征。

南沙群岛所处的纬度低,所以该区域属于热带季风与赤道气候。10 月至来年的 4 月,盛行东北季风,风力强;6 月至 8 月是西南季风期,风力较弱;每年的 5 月和 9 月是季风的转换期。每年 3—4 月少云,6—12 月多云,全年少雾。

南沙群岛气温很高,年平均达到 27 度—28 度;温差小,年温差只有 2 度—3 度。水表温度高,达到 26 度—28 度,且具有稳定性。海水含盐度高,一般为 32 度—34 度。海水透明度好,常为 20 米—30 米,最大为 47 米。雨量充沛,旱季、雨季差别明显,年降雨量平均为 1800—2200 毫米。

---

① 谢以萱:"南沙群岛海区地形基本特征",载《南沙群岛及其邻近海区地质地理物理及岛礁研究论文集》(一),海洋出版社 1991 年版。参见陈克勤主编:《中国南海诸岛》,海南国际新闻出版中心 1996 年版,第 140 页。

② 陈克勤主编:《中国南海诸岛》,海南国际新闻出版中心 1996 年版,第 143—194 页。

③ 刘宝银编著:《南沙群岛 东沙群岛 澎湖列岛》,海洋出版社 1996 年版,第 1—28 页。

二、南沙群岛的地缘政治与地缘经济意义

作为人类社会最基本的两种社会活动——政治和经济,是与地理环境紧密联系在一起的。人类的活动必须在一定的地理空间中进行,而且地理环境又对人类的社会活动产生着重大影响。因此我们在研究南沙群岛的法律地位问题时,必须注意把它提升到中国人民的政治经济活动的高度来看待。

中国背靠亚洲大陆,面向太平洋,但是要进入太平洋,却又受到俄罗斯、朝鲜半岛、日本四个大岛和琉球群岛、菲律宾群岛、马来西亚群岛、印度尼西亚群岛的封锁制约。美国自第二次世界大战以来,长期在中国的东北面的朝鲜半岛、日本各大岛和琉球群岛、菲律宾等地驻扎庞大的军队,而且冷战结束后,美国又不断把它在欧洲的潜艇调到太平洋,现在美国60%的潜艇集中于太平洋,其用心是显而易见的。如果美国封锁以上群岛,中国所处的战略地位是不利的。坚守南沙群岛对我们来说,就具有特别重要的意义。

中国在明朝时曾经是一个海洋大国,因此在当时也是一个世界大国。由于清朝实施闭关锁国政策,中国开始衰落,并逐渐沦为西方海洋大国的半殖民地。世界历史已经证明,所有世界大国和强国,都是与海洋联系在一起的。未来中国要走向世界,成为世界大国,也必须走向海洋,改变长期生活在山川平原与河流之间的一些习惯与思维。而要走向海洋,南沙群岛及其附近海域必须控制在我们手里。

南沙群岛位于印度洋与太平洋之间,是二洋相通的必经之地。自古以来,南沙群岛海域与其他三个群岛海域是亚洲东部、中南半岛、南洋群岛、印度次大陆、阿拉伯半岛、东部非洲,以及欧洲国家通商贸易的枢纽。随着经济全球化的进一步发展,国际经济交流日益频繁,南沙群岛海域更是美洲、亚洲、大洋洲、欧洲的海上交通要冲。许多重要的国

际航线,比如新加坡至广州和香港,新加坡至马尼拉,雅加达至广州和
香港,新加坡至湛江,胡志明市至马尼拉,日本所有的港口至东南亚、南
亚、中东、非洲、欧洲,等等,都要经过这一水域。通过南沙群岛海域的
航线是纵横交错、宛如蜘蛛网,这里已经成为世界第三黄金水道。所以
说,谁控制了南沙群岛及其水域,谁也就控制了太平洋与印度洋的咽喉。

对于中国的国家安全来说,由于从海湾进口石油和对欧洲、非洲、
大洋洲及部分亚洲国家的贸易必须经过南沙群岛水域,所以南沙群岛
一旦被敌对国家所占领、海域被敌对国家所控制,中国的经济发展、社
会稳定将面临巨大威胁,而且,中国的战略腹部将暴露无遗,及没有战
略纵深防御地带,中国的战略防御将非常困难。中国经济发展的中心
仍然位于东南沿海和以上海为龙头的长江三角洲,一旦发生战争,中国
的经济将遭遇致命打击。长期以来美国的军用侦察机在我南海北部进
行间谍活动,已经说明了南海的重要性。近代中国的屈辱史也是从东
南沿海开始的。无论是鸦片的输入,还是帝国主义的坚船利炮,都是从
南海进入我国的;殖民主义者轰炸我国门、杀我民众,也是自东南沿海
始。历史的教训不能忘记!

距离英帝国主义从南海发动的鸦片侵略战争也只不过 100 多年,
21 世纪才刚刚开始,霸权主义者美国已经急不可耐地又在我南海距离
海岸仅仅 104 公里处进行侦察,并撞毁我飞机! 杀害我同胞! 飞入我
领土! 侵害我主权! 更令我国人愤怒的是,美国对其在我国家门口进
行的非法和侵略活动,不仅不真诚地道歉,反而说中国的军用飞机干扰
了它的飞行!

南沙群岛不仅拥有特殊而深远的地缘政治意义,还具有重要的地
缘经济意义。

南沙群岛海域蕴藏着丰富的生物资源和非生物资源。南沙群岛及
其海域有 8 个沉积盆地,总面积 41 万平方公里,在我断续国界线内约

26万平方公里。据不完全统计,8个盆地石油资源量共有349.7亿吨,已探明可采储量为11.82亿吨,天然气为8万亿立方米。[①] 根据中国海洋石油总公司海洋石油勘探开发研究中心的樊开意工程师的分析,南沙群岛及其水域的基本石油地质条件极佳,具有良好的油气勘探前景。"下第三系大面积连片分布,即使在盆地间的隆起区亦有下第三系沉积,具有广阔的勘探前景;盆地面积大、凹陷深、发育时间较长,地温梯度较高,有利于有机物质的聚集与堆积,有利于大量生成石油和天然气;存在沙质岩、碳酸盐岩、礁灰岩与基岩多种类型储层,并具有良好的储油物性与极高的油气产能;多旋回沉积,构成了多生储盖层组合;不同成因类型的沉积盆地发育了多种类型的圈闭,从而具有形成含油气超系统的油气富集区。"据此,樊开意工程师估算,南沙海域资源量,油为351.47亿吨。[②] 在南海南部盆地的曾母盆地也蕴藏着丰富的石油。根据有关资料显示,由于该盆地位于南海南部大陆架上,在距今3700万年前就开始沉降,并承受了厚约8000米的碎屑沉积和碳酸盐沉积,从而为油气的生成提供了优质的地质条件。探测结果发现,这里是一个大型油气盆地,估计储量为120亿吨—130亿吨。[③] 各种资料均表明,在南沙群岛海域蕴藏着极为丰富的油气资源。这些油气资源不同于位于我国内陆地区的油气田。在我国内陆的油气资源,无论等多长时间,也不担心被别国开采,而南沙群岛水域的油气资源由于邻近越

---

　　① 赵焕庭:"南海区域环境与资源特征",载《21世纪的南海:问题与前瞻研讨会论文选》2000年,第150—160页。

　　② 樊开意、钱光华:"南沙海域新生代沉积盆地划分与油气资源前景",载《21世纪的南海:问题与前瞻研讨会论文选》2000年,第150—160页。

　　③ 夏戡源等:"曾母盆地地球物理综合分析及油气特征",载《南沙群岛及其邻近海区综合调查研究报告》(一)上卷,科学出版社1989年版。转引自鞠继武、潘建纲"富饶家珍殷实宝藏"一文,该文刊于陈克勤主编:《中国南海诸岛》,海南国际新闻出版中心1996年版,第259页。

南、马来西亚、文莱、印度尼西亚、菲律宾等国家,有的就在同一个油气层,这些油气层被上述国家从 20 世纪 50 年代、60 年代长期开采。到 20 世纪 90 年代末,在南沙周缘的陆架区,有关国家钻井 680 多口,已经有 30 个油田、4 个气田投入开发,年产油 2607 万吨,天然气 177.4 亿立方米。①油气是不可再生资源,加之,位于边界地区的油气层本身是不分国界的,周边国家开采得越多,处于我国传统疆界线内的油气资源流失得就越多。等到我国有能力收回时,也许该地区的油气资源也将开采殆尽。我们每年要花费大量的外汇从海湾国家进口石油。为了保存我国内陆地区的石油资源,并减少从海外进口石油,应该开发我国南海海域的资源。

除油气资源以外,在南沙群岛及其水域还蕴藏着其他非常丰富的资源。比如太阳能、风能、潮汐能,钛铁矿、锰结核、铬铁矿、磷矿等,以及鸟粪,鱼类资源,等等。

三、南沙群岛的地缘文化特征

从中国渔民在南沙群岛的渔业生产活动、南沙群岛考古发现、南沙群岛岛礁的汉语名称、中国历代朝廷所画出的版图疆域等多方面看,南沙群岛所具有的人文历史以中国文化为特色,而尤其以中国东南沿海文化特色更为突出,由此可见,南沙群岛文化属于中国文化圈,更具体一点,是属于中国东南沿海兼具海洋文化和大陆文化的亚文化圈。

自汉代以来,南沙群岛便是中国渔民,特别是海南省渔民生产活动的重要场所,并由此构成了中国人民生产与生活的重要经济圈。这些渔民在南沙群岛主要是捕捞公螺、红鱼、鲨鱼、旗鱼、金枪鱼、马鲛鱼,捉海参、海龟。将所抓的公螺和赤海参运到新加坡去卖,而海龟干、鸟干、

---

① 樊开意、钱光华:"南沙海域新生代沉积盆地划分与油气资源前景",载《21 世纪的南海:问题与前瞻研究会论文选》2000 年,第 150—160 页。

白海参、黑海参运回海南。

到南沙群岛水域捕鱼的海南渔民,头年冬天前往,第二年夏天才返回,有的专门住在岛上,直到第三年的四月西南季风来时才返回海南。由于在这些岛上长期居住,需要建立房屋,挖掘水井,种植蔬菜。所以,在南沙群岛的主要岛屿上,均能发现海南渔民留下的茅屋、土地庙、水井、椰树等。这些生产活动表明南沙群岛的渔业资源、鸟类资源以及肥沃的土壤已经成为中国渔民赖以生存的物质基础。也正是这些渔民的生产活动,在南沙群岛留下了丰富的中国文化遗产。

南沙群岛考古所发现的文物具有中国中原文化特征。

南沙群岛考古可以分为地表建筑遗迹和地下、水下发掘文物两个部分。地表建筑遗迹主要是土地庙。在太平岛、中业岛、西月岛、南威岛、南钥岛、鸿庥岛等岛上均有土地庙遗迹。太平岛和中业岛上的土地庙,是用几块宽大的石板架成,三尺来高,二尺多宽,中间供养着石质的土地神像,虽然经过多年风雨的侵蚀,表面已经剥杂模糊,但是雕塑的衣冠形式依然隐约可见。[1] 在太平岛的丛林中,还有一座土地庙,这座土地庙更有特色,土地庙上悬挂有"有求必应"四个大汉字。[2] 在南威岛、南钥岛、西月岛、鸿庥岛上的土地庙与太平岛上的土地庙是一样的,而且在南威岛上的土地庙中,有一只香炉,在南钥岛上的土地庙中,还有瓷质的酒杯两个、饭碗四只、酒壶一把,在鸿庥岛上的土地庙中有神像、香炉和封联以及供奉的香火。

在岛礁上供奉土地庙本身就反映了中国数千年的传统风俗习惯。土地庙是供奉土地神的寺庙。老一辈的中国人、来自农村的人都熟悉

---

[1] 张振国:"南沙行",载《中国南海诸岛文献汇编之八》,中国台湾学生书局1975年版,第39—40页。

[2] 同上书,第16页。

土地神。今天喜爱看《西游记》动画片的中国儿童都知道土地神。每
当孙悟空不明白某妖怪为何方妖孽时，便要呼唤"土地老儿"出来给予
指明。所谓土地神是我国民间传说中管理一个小地面的神，也就是中
国古代的社神。《公羊传·庄公二十五年》记载："鼓用牲于社。"何休
注："社者，土地之主也。"《孝经纬》："社者，土地之神。土地阔而不可
尽祭，故封土为社，以报功也。"《通俗篇·神鬼》："今凡社神俱呼土
地。"①我国传统风俗中，建立土地庙，祭祀土地，目的是求年岁丰收。
在南沙群岛上建立土地庙，供奉土地神，显然也是中国渔民为了渔业丰
收，消灾消难，保护渔民的平安。建土地庙、供奉土地神的风俗习惯至
今还在我国广大的内陆地区的农村存在。在中国道教里，也把土地尊为
神。可见，南沙群岛虽远隔中国大陆，但共同的文化却把彼此紧密相连。

　　被誉为"南沙考古第一人"的王恒杰教授，在对南沙群岛的考古发
掘中，发现了大量与中国内陆相同或类似的文物。这些文物中，按时间
顺序和时代特征看，可以分为秦汉、唐代、宋元和明清四个种类。

　　年代最早的是在道明群礁发掘的有戳印纹的硬陶片，这种硬陶片
在海南省的陵水县和广东的一些县的战国秦汉遗址均有出土，特别是
与广东澄海县龟山的汉代建筑遗址所出土的一片印纹硬陶的质地和花
纹"十分近似，其时代当为秦汉时期"。王恒杰教授认为，"原器应是出
海渔民自海南和华南带去的盛水器。"②在太平岛发现的同一时期的文
物更多。其中典型的是两块压印纹硬陶片。在其上有压印布纹和米字
戳印，为陶瓮一部分，属于秦汉时代遗物。③

　　时代较晚的是唐代文物。在永登暗沙的水下礁沙里，找到了盛水

<hr/>

①　《辞海》（缩印本），上海辞书出版社1989年版，第583页。
②　王恒杰："南沙考古调查"，刊于陈克勤主编：《中国南海诸岛》，海南国际新闻出版
中心1996年版，第443页。
③　同上书，第444页。

用的陶器残片。"从其型制、火候和器面烧制的颜色看,系唐代人制作。同海南陵水县海滩及广东一些唐代遗址中出土的器物相近。"①

在太平岛、南通礁等水域,还发现了宋代的青瓷片,均为龙泉、福建民窑烧制。

属于明清时代的文物更多,有瓷器、钱币、航海指南器、铁锚等。比如在南通礁、太平岛道明群礁等水域,发现了明清时期广东民窑烧制的青花瓷碗、瓷罐;太平岛出土的"嘉庆通宝"、"道光通宝"、"咸丰通宝"等古币;在郑和群礁和福禄寺礁发现的清朝后半期为海南、广东等地渔民广泛使用的铁锚。

由于发现的器物与海南省和广东省的出土文物相近,这说明,早在战国秦汉时期,南沙群岛水域便属于中国东南沿海人民生产活动或贸易活动的经济生活圈。有经济生活,便有文化,南沙群岛既然是中国东南沿海渔民经济生产活动的场所,那么,南沙群岛所具有的文化特征显然也是属于中华文明,具体说是中国大陆文化的一部分。

四、南沙群岛进入中国视野较早

在中国汉代,南沙群岛便进入了中国人的视野。中国人最先在南海航行和生产,并发现了南海各群岛。东汉时,杨孚撰写的《异物志》记载:"涨海崎头,水浅而多磁石。"三国时,万震《南州异物志》也有如下记载:"东北行,出涨海,中浅而多磁石。"这儿所讲的"崎头"就是古代中国人民对南沙群岛和西沙群岛的岛、礁、沙、滩的称呼。三国时康泰所著的《扶南传》也记载了南沙群岛:"涨海中到珊瑚州,洲底有磐石,珊瑚生其上。"唐宋以后,中国人对南沙群岛的认识更深刻,并将南沙群岛和西沙群岛命名为"石塘"、"长沙"、"千里石塘"、"千里长沙"、

---

① 王恒杰:"南沙考古调查",刊于陈克勤主编:《中国南海诸岛》,海南国际新闻出版中心1996年版,第443页。

"万里石塘"、"万里长沙",等等。在海南岛渔民中广为流传和使用的《更路簿》中,南沙群岛中的太平岛被称为黄山马峙,南威岛被称为鸟仔岛,这些名称至今仍在使用。

从东汉杨孚《异物志》记载南海诸岛起算,中国人发现南海诸岛已经近 2000 年,从宋代以"石塘"命名南沙群岛起算,也已经有 1000 多年。

越南则是"通过从中国流入的文献资料中认识到南海诸岛的存在。"①17 世纪的越南地图集《广义地区图》才第一次有南沙群岛的记载。

菲律宾进入南沙群岛更晚,直到 20 世纪 50 年代中叶,而且还不是菲律宾人,只是一位旅居菲律宾的退役美军士兵。

马来西亚、文莱对部分南沙群岛提出主权要求,直到 20 世纪 70 年代。

五、西方人眼中的南沙群岛

在西方人的眼中,今天的中国南海一直被他们称为"中国的海"(Chinese Sea)或者"中国海"(China Sea),只是到了 20 世纪初叶,才开始有部分殖民主义者将其称之为"南中国海"(South China Sea)。从名称可以看出,自西方人知道东方的中国开始,由于中国对南海的实际控制,所以,西方人也就理所当然地认为南海是中国的海。既然西方人把整个南海看成是"中国的海",那自然南沙群岛也就被看成是中国的南沙群岛,看成是中国的领土。

在英国剑桥大学馆藏的有关南海的历史地图,清楚的说明了这一事实。2001 年 1 月,我在剑桥大学、大英博物馆、牛津大学的地图室,见到了大量由英国、法国、意大利、荷兰等欧洲国家出版的涉及中国南海

---

① [日]浦野起央:《海权——环南(中国)海国家的纷争史及南(中国)海现状》,刀水书房 1997 年,第 37 页。

的历史地图,在这些地图上,清晰地标明 *Chinese Sea*, *China Sea*①, Mar de la China②, MAR CINESE MERID③, MER DE CHINE④, CHINEE SCHE ZEE⑤, MER DE LA CHINE⑥, MAR DA CHINA⑦ 等各国对中国

---

① *Islands in the Pacific Ocean*(*1851*). A. K. Johnston National Atlas.
SOUTH HEMISPH(*1816*). Projected and Engraved for Thomson's New General Atlas, 20th, Sep. 1816. Projected on the Plane of the Horizon of London, By Geo. Buchanan, J. G. Menzies, Sculp. Edin. *Surface and Population of the Globe*. Weimar Aiminac 1840.
EASTERN ISLANDS OR MALAY ARCHIPELAGO. 此图为单幅,未标明出版年月。存于剑桥大学图书馆的一本图集中。*Malay Archipelago or East India Islands*, J. and F. Tallis, from the Illustrated Atlas of the World, 1851. 见 R. T. FELL, Early maps of South—East Asia. Oxford University Press 1991, Second Edition.
R. T. FELL, *The East India Islands*, William Darton, c, 1812.
Nlle Galles Meridle. Ou Cote Orientale de la Nouvelle Hollande. RIGOBERT BONNE(1788). 该图为 *TERRA AUSTRALIS DISCOVERED* (*1600-1800*) 所使用,参见 Robert Clancy: *The Mapping of Terra Australis*. Universal press, 1995.
ASIA. W. & A. K. Johnston, Edinburgh. 参见 Keth Johnston: *Atlas of Political Geography*. W. &. k. Johnston: *SIAM*, *ANAM*, *CAMBODIA*, *COCHIN CHINA*, *TONG KING*. Limited, Edinbourgh & London. 参见 *The Victoria Region Atlas*. Second edition. London 1901. *Cyclopedian Atlas*. page 19, London 1865.
Cyclopedian Atlas 1860, *Atlas of Generale Maps*. Edward Stanford, 6, Charing Cross.
ASIA, *The XXth Century*, *Citizen's Atlas of the World*. Gorge Newnes, Limited 1902.
ASIA. 参见 Justus Perths: Atlas Portatil Decima Septima Edicion, Gotha: Justus Perthes 1937.
EURASIA, *CARTA FISICA*. *Atlante Geografico Universale*. Baratta E Visintin, Sperling & Kupfer, Milano, 1938-39.
② *ASIA*. 参见 Justus Perths: Atlas Portatil Decima Septima Edicion, Gotha: Justus Perthes 1937.
③ *EURASIA*, *CARTA FISICA*. *Atlante Geografico Universale*. Baratta E Visintin, Sperling & Kupfer, Milano, 1938-39.
④ *CARTE REDUITE DU GRAND OCEAN*, Compris entr. LASE et LAMERIQUE, Redigee dapres les observations les plus recentes et publiee pour le Service de Vaisseaux, Francais. Par Ordre du Ministre de la Marine au Depot General des Cartes et plans de la marine et des Colonies. LAn VI de la Republique. 另一幅图未能查到出版年月,但有剑桥大学馆藏图书的索书号,其索书号为 Atlas. 3. 93. 3,此图在该书的第 95 页和第 96 页。图名为"INDOCINA, SIAM E ARCHIPELAGO MALESE"。该图的下边栏有比例尺,其比例尺为:1:10000000(1cm:100km)。
⑤ *AUSTRALIE*. C. COVENS, BIJ I. TIRION UITGEGEVEN. Te Amsterdam, Bij MORTIER, COVENS en Zoom.
⑥ *OCEANIS*(*1835*). Dressee, Par. A. R. FREMIN, Paris.
⑦ *OCEANIA*(*1850*). DETALHES DA COLONIA *DA NOVA* GALLES MERIDIONAL.

南海的称呼。在大英博物馆馆藏的一本《中国文化图集》找到一幅"南海地图"特别能说明问题。该地图在南海画出了一条封口线,将南沙、西沙、东沙、台湾画入中国版图,而且用汉语拼音标出"Nansha Is","Xisha Is","Dongsha Is","Taiwan"。① 但是,这幅地图使用"SOUTH CHINA SEA"。

对于西方人从使用"Chinese Sea"到使用"South China Sea"这一转变,具体时间难于考证,但有一点是明确的。最初,西方人知道中国对南海掌握着控制权,知道中国人在南海进行生产活动和通过南海对外贸易或对外移民,所以,自然将南海称之为"中国海"。但当他们了解到中国人对南海这一称呼,以及中国还有东海、黄海之后,便站到中国人的立场,以中国人的视角将南海称为"South China Sea"。北京外国语大学英语系教授陈国华先生认为,这两个名称本身并没有什么差别,不同的是角度不一样。前者是站在西方人自己的角度而言的,后者则站到了中国人的立场上。无论怎样,两个名称都打上了"中国"的烙印,这是任何人都不能改变的。而且,西方人使用 South China Sea 或者 China Sea,Chinese Sea,都表明西方国家对中国在南海享有的主权权利这一客观事实的承认。

另外,在西方国家以及日本出版使用的航海图和著作中,也承认中国人对南沙群岛的命名,并使用这些汉文名称。16 世纪葡萄牙人称永兴岛为 Paxo,这是从海南岛渔民所称的"巴峙"音译过去的。日本人对南沙群岛的认识,也是从中国人的历史书籍和渔民中了解到的。19 世纪英国航海图中称鸿庥岛为 Namyit,景宏岛为 Sincowe,太平岛为 Ituaba,这些名称都是过去渔民所称的"南乙"、"秤钩"、"黄山马峙"的音译。

---

① *Cultural Atlas of China*. Revised Edition. New maps and new photographs. Editor: Lauren Bourque. Map Editor: Tim Williams. Andromeda Oxford Limited for revised edition.

如果说,越南人早于中国人发现南沙群岛,那么,这些西方人、日本人为什么不采用越南名?

第二节 南沙群岛被占岛屿现状

一、越南侵占我南沙群岛部分岛礁状况

鸿庥岛,1973 年 7 月南越侵占,越南称"Nam Yet"。1975 年 4 月越南北方接替南方继续侵占该岛。越南有驻军 60 人,有直升机坪 1 处,有炮位、通信设备和战车。

鸿庥岛位于北纬 10°11′00″,东经 114°21′,郑和群礁的南部边缘,太平岛以南约 11 海里处,形似椭圆形。东西长达 0.46 公里,宽约 0.16 公里,海拔约 6.1 米,在南沙群岛中,该岛海拔最高。岛上有许多小树和灌木。从岛岸至礁盘边缘,西南部宽约 1.9 公里,其他方向宽约 650 米。在该岛的东北方约 1 海里处,有水深 4.5 米的点滩。西南方约 2.3 海里处,有水深 6.7 米浅滩。

南子岛或南子礁,英文名 S. W. CAY(South West Cay),越南称"Son Tu Tay"。1974 年 2 月被南越侵占,1975 年 4 月越南北方继续侵占。岛上有越南直升机坪 1 处。

该岛位于北纬 11°25′30″,东经 114°19′20″,在北子岛西南方 1.7 海里处,海拔高度为 3.9 米。形似长椭圆形,南沙群岛中第六大岛。岛上杂草丛生,且有高达 9.1 米的茂密树木。该岛是海鸟的繁殖地,鸟粪层覆盖全岛,但大量鸟粪被外运。

该岛与北子岛之间的水道,即北子岛西南方约 0.7 海里处,有水深 5.4 米的点礁;再往南方约 740 米处,有水深 9.1 米的点礁。岛的周围有很多地方被露出的珊瑚礁所环绕。珊瑚礁自岛的东南侧向海扩展约

90 米,其他方向向海扩展约 560 米。当西南季风劲吹时,可从该岛的东南侧登陆。在该岛的东南侧中部附近有水井两口和高达 12 米的柱子。

敦谦沙洲,英文名 Sand Cay,越南称"Don ca"。1974 年 2 月被南越侵占,1975 年 4 月,越南北方接替南越继续侵占。越南派有驻军 1 个加强排,兵力约 80 人,配有 81 炮或 75 炮(数量不清,待查),平均 1—3 个月运送补给 1 次。

敦谦沙洲位于北纬 10°22′38″,东经 114°28′10″,太平岛以东 5.8 海里处,为一圆形沙岛。海拔 2.5 米—4.6 米,周围由珊瑚礁和沙洲所环绕,中间低平的洼地上有灌木林和椰子树。太平岛与该沙洲之间的浅滩或水深 12 米—18 米,是良好的锚地。

景宏岛,英文名 Sin Cowe Island,越南称"Dao Sinh Ton"。北纬 9°53′,东经 114°16′。1974 年 2 月,南越军队占领,1975 年 4 月越南北方继续侵占。越南派军 60 人驻守,有直升机坪 1 处。

该岛位于九章群礁西部,赤瓜礁以北约 9 海里处。呈东北—西南走向,海拔高度 3.7 米,为九章群礁上最大的岛屿。岛上有杂草,但无树木,有淡水,但水质不好。

南威岛,英文名 Spratly Island,越南称为"Truong Sa"。位于北纬 8°39′00″,东经 112°54′40″。日积礁以东约 13.8 海里,南薇滩以北 43 海里处,海拔高度约 2.4 米。1974 年 2 月被南越军队侵占,1975 年 4 月被越南北方继续派军占领。有越南军营 3 处,土石跑道 1 条,电台 1 座,直升机坪 1 处,炮阵地 2 座,碉堡 1 座,驻军约 20 人。

该岛地势平坦,是南沙群岛中第四大岛,也是南沙群岛在北纬 10°以南最重要的岛屿。沿岸有白色珊瑚砂和珊瑚碎片,岛上常年栖息着大量海鸟。1963 年,岛屿被杂草所覆盖。

该岛周围被露出的礁架和珊瑚礁头所围绕。在它的南缘,有长 1

海里、宽约 0.8 海里的礁滩;岛屿的北缘,延伸 0.5 海里的浅滩,水深约
5.4 米以下;岛屿的东侧陡深,离岸 190 米内,水深达 18.2 米;在岛的西
南侧和西侧,有水深 5.4 米的浅滩,离岸 370 米外,随即降低为深海。

在岛的东北方或西南方的浅滩上,船舶可以抛锚。作为锚地,即便
是在东北季风期间,东北方的浅滩仍可抛锚,但在水深 18.2 米以下的
地方海底险恶,起伏不规则,不可抛锚。西南季风期间,在岛的背风侧
可登陆,但在靠近岸边处,有许多珊瑚礁头,波涛汹涌时多危险。夏季
24 小时观测结果,这里只有一次高潮;7 月上旬高潮时为 09 时,潮差为
1.6 米。滩的东北边,涨潮流向西南,落潮流向东南—东北向。

1951 年 4 月,英国丹皮尔(Dampier)号在该岛的东北端 0.6 海里、
水深 18.2 米—21 米处抛锚停泊。

安波沙洲,英文名 Amboyna Cay,越南称"An Bang"。位于北纬
7°52′00″,东经 112°55′00″,柏礁西南方 19 海里,南薇滩以东约 70 海里
处。1974 年 2 月,被南越占领,1975 年 4 月被越南北方侵占。沙洲上
有越南军队的炮位掩体 4 处,火力掩体 7 处,机枪掩体 4 处,地下钢筋
水泥掩体 5 处,直立杆状天线 2 座,瞭望台 1 座,直升机坪 1 处。

该沙洲海拔 1.8 米,长达 300 米,宽约 140 米。大部分由砂和珊瑚
碎片组成;西部是礁岩碎片,上部为鸟粪层覆。从岸边向海 370 米的海
域有珊瑚礁。沙洲的西北有延伸 0.5 海里长、宽 370 米的礁体;东北方
向有延伸 1 海里的礁体,退潮时露出水面。从露出滩向外约 650 米的
同一礁盘,水深 7.3 米,礁缘水深 16.4 米,再向外水深陡降。在沙洲小
潮前 2 天观测,涨潮流为 23 时,落潮流为 06 时;涨潮流向北,落潮流向
西,最大流速为 1.5 节。

英国舰船步兵(Rifleman)号曾在西南季风期,在该滩水深 9.1 米
处抛锚避风。法国测量船星盘(Astrolabe)号以 106 度眺望露出水面的
滩中央,距离沙洲约为 650 米,水深 11.8 米处抛锚停泊。以 224 度向 1

海里处眺望露出滩的中央,在水深14.6米处有良好的锚地。该滩周围水深流急,抛锚应特别小心。

染青沙洲,英文名 Grierson Reef,越南名"Sinh Ton Dong"。位于北纬9°52′30″,东经114°34′00″。1978年3—4月,被越南占领。在长线礁以南约3海里处属于滩礁上的小沙洲;南端有黑色礁石露出水面。

中礁,英文名 Central Reef 或 Central London Reef,越南名"Dao Truong Sa Dong",位于北纬8°56′00″,东经112°22′00″(或北纬8°55′,东经112°24′和北纬8°55′,东经112°22′)。1978年3—4月被越南侵占。东礁的西北部,西礁的东北方约5.2海里处,是一长约900米的环礁。形成了由礁体外缘的珊瑚礁围城的舄湖,湖内水深7.3米—14.6米。据载该礁的西南端有一沙洲,高潮时被淹没。该礁与东、西礁不同的是,它经常不能根据浪花辨认。

毕生礁,英文名 Pearson Reef,越南称"Phan Vinh"。位于北纬8°07′00″,东经114°07′00″(或北纬8°58′,东经113°41′和北纬8°58′,东经113°44′)。榆亚暗沙西侧20.4海里、南海礁东北东方向13.6海里处。退潮时,礁石露出,围成浅水舄湖,为一小环礁,涨潮时可望到其东侧的若干礁石。此处无锚地,涨潮时小船可靠近。1978年3—4月被越南侵占。

柏礁,包括单柱石、乌鱼锭石,英文名 Bargue Canada Reef。位于北纬8°10′00″,东经113°18′00″(或北纬8°04′—8°17′,东经113°15′—113°23′)。安波沙洲的东北,西南端距弹丸礁的西北约5.5海里,为一梭形环礁。退潮时露出水面,它向东北方向延伸约33.2公里,其东北端有一高约1.8米的礁群。礁体中部有一舄湖,高潮时小船可靠近。该礁北端约370米、水深36米处的沙嘴上有一锚地,但这里有很急的潮流。柏礁海域是南沙群岛的主要渔场之一。该礁在1987年2月被越南侵占。

西礁,英文名 West Reef,越南称"Da Tay"。位于北纬 8°52′00″,东经
112°22′00″(或北纬 8°52′,东经 112°15′到北纬 8°49′,东经 112°12′)。
属尹庆群礁最西边的一个,东距东礁 16.4 海里,南威岛东北方约 21 海
里处。是一个东北—西南走向的环礁。上部有数个露出水面的珊瑚礁
头,东侧有高 0.6 米的沙洲。潟湖内水深 10.9 米—18.2 米,并有数个
点礁。在靠近中部的东南侧有许多珊瑚点滩,在此航行有危险。西礁
在 1988 年 1 月被越南侵占。

日积礁,英文名 Ladd Reef,越南名"Da Lat"。位于北纬 8°39′00″,
东经 111°40′00″(或北纬 8°38′,东经 111°40′至 8°39′,东经 111°39′)。
在南威岛西偏北约 13.8 海里处,是一长形的潟湖小环礁,礁底是白色。
礁长 5.6 公里,宽约 1.9 公里。该礁部分露出水面,西北有触礁沉船。
低潮时小船不能进入潟湖。该礁在 1988 年 2 月被越南侵占。

无乜礁,英文名 Tennent Reef。位于北纬 8°52′00″,东经114°39′00″
(或北纬 8°50′—8°53′,东经 114°38′—114°41′)。榆亚暗沙北,西南端
在南华礁的东北东部,相距 25 海里,退潮时露出,是一三角形环礁。
该礁上有很多露出的礁石,环礁无口门,潟湖内水深且清澈。高潮
时,小船可靠近。东北风时,该礁北侧有浪花标志。1988 年 2 月被越
南侵占。

东礁,英文名 East Reef,越南称"Da Dong"。位于北纬 8°49′,东经
112°36′00″(或北纬 8°50′,东经 112°34′至北纬8°50′,东经 112°35′)。
东距华阳礁8.7 海里,西礁以东 16.3 海里处。呈东西走向,边缘不连
续的水下环礁。潟湖水深 7.3 米—14.6 米。上面有激破波,容易辨
认;西端有一两个不会被淹没的礁石。据报道,潟湖内外可以抛锚。
1988 年 2 月被越南侵占。

大现礁,英文名 Discovery Great Reef,越南名"Da Lon"。位于北
纬 10°04′00″,东经 113°52′00″(或北纬 10°03′,东经 113°52′至北纬

10°05′,东经 113°52′)。在郑和群礁西南 21 海里,永署礁的东北东方约 54 海里处,退潮时大部分露出,系呈东北走向的长条形环礁。上面有数个礁头露出水面,中央有舄湖,但无口门,周围陡深。1867 年,英国舰船 Rifleman 号,在离该礁北端 0.5 海里,水深 76 米处抛锚停泊。海南岛的渔民报告,在离该礁东北方 10 海里处,有礁石或浅滩。该处测深是 73 米的测深锤未到海底。1988 年 2 月被越南侵占。

南华礁,英文名 Cornwallis South Reef,越南称"Nui Le"。位于8°45′00″,东经 114°13′00″(北纬 8°44′,东经 114°11′至北纬 40°,东经 114°10′)。北端在六门礁以东约 6.5 海里处,退潮时露出;是一南北走向的环礁,舄湖水深约 9 米。环礁的南端有一宽不到 370 米,水深约 9.1 米的口门,口门中有数个点礁。环礁的东南侧,有一些干礁盘,东北风时有浪花标志。1988 年 3 月被越南侵占。

鬼喊礁,英文名 Collins Reef。位于北纬 9°46′00″,东经 114°15′30″(或北纬 9°45′,东经 114°15′)。九章群礁的西南端,东南与赤瓜礁相距1.8 海里,形似四角形。露出水面部分不多,多暗礁和险滩。在它的东南偏东有一珊瑚小沙丘。有一深水道将其与赤瓜礁分隔。1988 年 3月被越南侵占。

琼礁,英文名 Lanstowne Reef。位于北纬 9°46′,东经 114°22′,屈原礁西南约 1.3 海里,赤瓜礁东北 5.5 海里处,属于九章群礁中退潮露出的礁滩。1988 年 3 月被越南侵占。

六门礁(六门、六门沙),英文名 Alison Reef。位于北纬 8°51′00″,东经 114°00′00″(或北纬 8°46′—8°50′,东经 113°54′—114°03′)。西北距毕生礁 13.7 海里,其西端在南海礁北部约 50 海里处。退潮时露出,为一向东南方延伸约 20.3 公里的椭圆形环礁,舄湖浅水区危险。在其西端约 2.5 海里的北侧,有宽约 650 米,水深 9.1 米的口门。南侧有很多的点礁露出,各点礁间有水深约 9.1 米的狭窄水道。临近该礁的西端和东南端,水深60米处有锚地;在该礁南侧和舄湖北口门外,水深约9.1米处也有锚地。天气好时,距该礁5海里处,可以看到浪花标志。1988年3月被越南侵占。

舶兰礁,英文名Petley,越南称"Doi Thi"。位于北纬10°24′40″,东经114°34′00″(或北纬10°24′,东经114°34′至北纬10°25′,东经114°35′)。郑和群礁的东北侧,敦谦沙洲东北方5.4海里处。处在延伸约5海里、急深的珊瑚架的外端附近,在此珊瑚架上有水深5.4米—8.5米的浅滩数个。1988年4月被越南侵占。

奈罗礁,英文名South Reef。位于北纬11°23′00″,东经114°17′27″(或北纬11°23′,东经114°19′)。在北子岛的西南端,与南子岛相距约2.3海里,低潮时露出。西南季风期,西南侧有激破波。1988年4月被越南侵占。

广雅滩,英文名Prince of Wales Bank。位于北纬8°08′00″,东经110°30′00″(或北纬8°04′,东经110°30′至北纬8°08′,东经110°31′)。西卫滩东北方,南薇滩西北约64海里处。系一椭圆形环礁。呈西北—东南走向,各处水深不一,有数处礁斑水深在15米—19米。1989年6—7月被越南侵占。

蓬勃堡,英文名Bombay Castle。位于北纬7°56′00″,东经111°42′30″(或北纬7°56′,东经111°43′至北纬7°56′,东经111°44′)。南薇滩的东北端,呈东西向,水深3米,是一暗礁,南薇滩的最浅处。1989、6—7月被越南侵占。岛上有越军炮位,驻军约12人。

万安滩,英文名Vanguard Band。位于北纬7°30′00″,东经109°43′00″(或北纬7°30′,东经109°35′至北纬7°28′,东经109°36′)。南沙群岛的西部,李准滩西南约35海里处。其形似新月,东西长达63公里,平均宽约11公里。在东北端的南南东方112海里处,有水深64米的礁滩。在其东南方35海里处,有水深82米的点礁。1989年6—7月被越南侵占。

李准滩,英文名 Grainger Bank。位于北纬 7°47′30″,东经110°29′00″(或傅昆成书认为是北纬 7°47′,东经 110°29′,瓦伦西亚认为是北纬 7°52′,东经 110°29′)。人骏滩西,广雅滩以南 12 海里处,系呈南北走向的滩礁;长达 9.6 公里,宽约 3.7 公里,礁盘浅处约 11 米—15 米,海水透明度大。1989 年被越南占领。

西卫滩,英文名 Prince Consort Bank。位于北纬 7°55′,东经109°58′(或北纬 7°52′—7°53′,东经 109°58′—110°02′)。万安滩的东北方,广雅滩的西南部,是一由珊瑚和沙组成的水下滩礁;呈南北走向,长 29.5公里,宽约 16.6 公里。西北边缘最浅,约 18 米左右。1989 年被越南侵占。

景宏东岛,英文名 Sin Cowe East Island。位于北纬 9°55′,东经114°32′。被越南侵占,时间可能在 1988 年。

二、菲律宾对我南沙群岛及其海域的侵占

马欢岛,英文名 Nanshan Island,菲律宾称"Lawak"。位于北纬 10°44′00″,东经 115°48′(北纬 10°43′,东经115°48′至北纬 10°44′,东经115°48′)。西月岛东南方,在五方礁东北端以北约 10 海里处,该岛近长圆形,海拔 2.4 米。岛上有椰子树,杂草丛生,可种蔬菜。有水井,水质好。在南部礁滩的西缘部有多处浅水,可抛锚。1970 年 9 月被菲律宾侵占,菲律宾派驻兵力约 80 人。

费信岛,英文名 Flat Island,菲律宾称"Patag"。位于北纬 10°49′00″,东经 115°49′30″(北纬 10°49′,东经115°51′至北纬 10°49′,东经 115°50′)。在马欢岛的北方约 5 海里处,为一地势低平的沙洲岛。岛上无树木,淡水不能饮用。自该岛礁缘向东南与东北方向延伸约 2 海里,向南延伸到马欢岛约 1 海里内,水深约 45 米,有可抛锚的大礁滩未精确测量。

中业岛,英文名 Thi Tu Island,菲律宾称"Pagasa"。位于北纬

11°03′40″,东经114°16′20″。是南沙群岛中的第二大岛。渚碧礁东北方约13海里,铁峙水道的西缘;海拔高度约3.4米;形似三角形。岛上长满杂草和小树,西南端的椰子树高达18米。在海滨,椰子树丛中有水井,水能饮用。岛的周围露出的礁盘中,东北侧向外海延伸0.5海里。岛上有渔民居住。东北季风期间,最好的登陆点在岛的西侧中部,该处礁中有开口。1971年5月—7月,被菲律宾侵占;1978年,菲律宾在岛上设有气象台一座,住有陆战队士兵80人;1978年2月,菲律宾在岛上建立简易机场一处。

南钥岛,英文名 Loaita Island(Loai Ta Island),菲律宾称"Kota",其他名"South Island of Horsbung"。位于北纬10°40′20″,东经114°25′20″(北纬10°41′,东经114°25′至北纬10°40′,东经114°25′)。海拔高1.4米,是南沙群岛中最低的岛屿。岛上被栲树所覆盖,另有椰子树和灌木。在郑和群礁以北约16海里处,道明群礁南部边缘。岛的北侧有延伸0.5海里的露出礁。该岛以西约2海里处,有水深5.4米的浅滩,西北方约5海里处的东北方向有相距1海里的两个礁滩;其中的西南礁以东约0.8海里处,有水深5.4米的浅滩,而东北礁的中央有露出的沙洲。1868年,上述两礁的东北方,南钥岛的西北缘判明水深7.3米以上。在南钥岛的东北东方约2海里处,有部分点礁露出。1933年时岛上无人居住。根据大陆学者资料,该岛在1971年5月—7月被菲律宾侵占;但根据傅昆成的说法,该岛在1968年时,岛上就有菲律宾的驻军,共有80人。

北子岛,英文名 North East Cay,菲律宾称"Parola"。位于北纬11°27′40″,东经114°22′43″(或北纬11°27′,东经114°21′至北纬11°27′,东经114°22′)。在双子礁西北侧,贡士礁西南西方约1.5海里处。该岛是南沙群岛中第五大岛;系一长椭圆形的沙岛;海拔高3米。岛上被杂草所覆盖,岛的四周有灌木,茂密的树林高达6.1米—9.1米;岛上有淡水。该岛东北方有延伸 0.6 海里的礁石;在这些礁石东北边缘与贡士礁之间,5.4 米的等深线间距约 560 米,中部有数个水深 3 米的浅滩,但水道不能通航。傅昆成先生认为,菲律宾可能在 1968 年侵占该岛,1971 年有驻军 80 人。国内其他资料显示菲律宾在 1971 年 5 月—7 月侵占该岛,1974 年 3 月,菲律宾海军司令宣称已经在我北子岛建立灯塔。

西月岛,英文名 West York Island,菲律宾称"Likas"。位于北纬 11°05′00″,东经 115°00′(北纬 11°05′,东经 115°01′至北纬 11°05′,东经 115°02′)。该岛西南距太平岛 56.9 海里,在蒙子礁东南约 13.3 海里处;系礁盘中央的一个孤岛;是南沙群岛中第三大岛。该岛被树木和灌木覆盖,南端有数棵高达 25 米的椰子树。水深 1.8 米以下的暗礁从其北部向海延伸约 2 海里。岛的东南端有一小湾,可避东北风。这里附近是良好的渔场。1971 年 5 月—7 月被菲律宾侵占,岛上有驻军约 80 人。

司令礁,英文名 Commodore Reef,越南称"Da Cong Do",菲律宾称"Rizal",马来西亚名"Terumbu Laksamana"。位于北纬 8°22′00″,东经 115°13′00″(北纬 8°22′,东经 115°13′—115°11′)。西北距无乜礁 39.5 海里,在榆亚暗沙的东北方,最西端距榆亚暗沙最东端约 25.8 海里。系一低潮时全部露出的环礁。其内两舄湖间的礁峡上,有高出水面0.3 米的沙洲,而该礁的东端有高 0.3 米的礁石。西边的舄湖在高潮时,小船可靠近;低潮时有些地点小船也可靠近舄湖。最佳锚泊地在离该礁西端 2 海里处的北侧与南侧。该舄湖内大部分水深为 5.4 米—14.6 米,但各处有接近水面的礁群。东边的舄湖未精测,有一些浅水危险地。该礁的外侧悬崖陡峭,水深突达 2000 米以上,船舶难以停泊。1980 年,菲律宾侵占我司令礁。

双黄沙洲,英文名 Loaita Nan,菲律宾称"Panata"。位于北纬 10°43′05″,东经 114°31′35″(北纬 10°43′,东经 114°31′—114°32′)。道明群礁东南部边缘,南钥岛东北东方约 6.5 海里处,处在向海延伸约 0.5

海里的礁石的中部。该沙洲东北方 3 海里和 4 海里处,有两个露出的礁石。从沙洲东北方 4 海里处礁石开始,10.9 米水深及其以浅向北延伸 1 海里;水深 10.9 米的点滩,在该沙洲东北方 3 海里礁盘以北约 0.5 海里处。被菲律宾侵占,沙洲上有两座淡水厂,陆战队 2 个班,约 10 人。

仁爱礁,英文名 Second Thomas Shoal,中国渔民向称"断节",是南中国海南沙群岛中的一个环礁。位于北纬 9°39′—9°48′,东经 115°51′—115°54′范围内,距美济礁东南约 14 海里。南北长 15 公里,东西宽约 5.6 公里,低潮时大部分露出,北半环较完整,南半环断成数节,形成若干礁门。仁爱礁行政隶属海南省三沙市。中国守备队严密监控并定期巡视,礁湖内长期有中国渔船停靠。

三、马来西亚对我南沙岛礁及其海域的非法活动

1968 年马来西亚非法将我南康暗沙、海宁礁、北康暗沙、曾母暗沙划入自己版图,并出租给美国沙捞越壳牌石油公司钻探石油。

1970 年马来西亚在我南康暗沙和北康暗沙非法钻探。1971 年马来西亚又在海宁礁、潭门礁进行非法钻探。1972 年马来西亚在我康西暗沙非法钻探。1973 年马来西亚在我盟谊暗沙非法钻探。

1979 年 12 月马来西亚出版的地图,非法将我司令礁、破浪礁、南海礁、安波沙洲、南乐暗沙、校尉暗沙一线以南的南海海域划归马来西亚。

马来西亚对我南沙群岛非法侵占的岛屿有:

弹丸礁,英文名 Swallow Reef,马来西亚称"Terumbu Layang Layang"。位于北纬 7°23′—7°25′,东经 113°50′。在皇路礁的东北方,相距 27.5 海里,安渡滩西南 13.9 海里处。它是由狭长的珊瑚礁带围成的浅水舄湖,其东北端有数个高达 1.5 米—3 米的礁石,在其东南亦有露出水面的礁石。该礁已经发育成岛,并成为良好的导航目标,白天在 8 海里以外,能看到浪花标志。该岛西端有一沉船。1983 年 8 月马来西亚将其

侵占,住有一个突击队,共约 45 人。1991 年 5 月马来西亚表示将在该礁上开辟旅游点。1992 年 9 月,马来西亚在该礁上建立简易机场。

光星仔礁,英文名 Ardasier Bank,马来西亚称"Terumbu Ubi"。位于北纬 7°37′30″,东经 113°56′00″(北纬 7°36′—7°37′,东经 113°56′)。在安渡滩西南端,弹丸礁的北北东方向约 14 海里,为一形似三角形的环礁。退潮时可见礁石围绕着浅水舄湖,高潮时小船能靠近舄湖。该礁除了与安渡滩相连结的东侧外,其他礁缘处皆急深直下。1986 年马来西亚将其侵占。

南海礁,英文名 Marivels Reef,马来西亚称"Terumbu Mantanani"。位于北纬 7°56′—8°00′,东经 113°56′—113°58′。在榆亚暗沙西偏南,二者相距 35.2 海里,南距安渡滩 18 海里处。退潮露出,并围成一浅水舄湖,是一小环礁,高潮时可见到东侧上的若干礁石。此处无锚地,高潮时小船可靠近。1986 年 10 月被马来西亚侵占。

簸箕礁,英文名 Erica Reef,马来西亚称"Terumbu Siput"。位于北纬 7°30′—7°57′,东经 113°56′—114°02′。被马来西亚侵占。

南沙群岛的岛屿、礁石、沙洲数量到底有多少,至今未见到最完全和最权威的数据。根据刘宝银在《南沙群岛 东沙群岛 澎湖列岛》一书统计,有 142 个;傅昆成先生的《南中国海法律地位之研究》附录表列了 185 个;美国东西研究中心的瓦伦西亚在《共享南中国海资源》一书中表列了 93 个。以上三个数据显然都不完整,不过,傅昆成先生所列岛礁、沙洲名要全面。

在以上所列的岛礁、沙洲中,越南、菲律宾、马来西亚不断侵占,总计达到 40 个左右,占到刘宝银统计的 142 个的三分之一,接近傅昆成统计的三分之一,超过了瓦伦西亚统计的一半以上。无论哪一数字,都说明这些国家对我传统疆域内岛礁、沙洲及其海域侵占形势相当严峻。这些国家在占领了岛礁、沙洲后,通过移民、建立海港、机场和卫星地面接收站继续强化统治,企图造成事实上的"合法化"。我们要给予特别警惕,并找出应对方略。

越南、菲律宾、马来西亚等国,在侵占岛礁、沙洲后,在相邻海域加紧开发石油,掠夺我资源,而且这些是不可再生的资源。越南已经通过掠夺资源,从一个贫油国发展成石油出口国。马来西亚、菲律宾也从石油开发中获得大量好处。我们最不愿意看到的是有关国家联合对我,但是,越南、马来西亚两国联合勘探、开发我传统疆域内的石油资源已经成为不争的事实。

我国处理一切国际争端,都是以和平的方式解决。我国也提出了"主权属我,搁置争议,共同开发"的设想,这说明我们已经作出了极大的让步,但是有关国家并不理解我们的让步,将我们提出的设想置之不顾,继续侵占我岛礁、沙洲,强化其非法统治;勘探、开发我传统疆域内的石油;甚至撞沉我正常作业的渔船。形势发展对我们是不利的。

海峡两岸的学者和有关专家已经提出了一些设想,我国有关部门应该加紧制订计划,贯彻落实。针对有关国家的行动,我们也应该有两手准备,既要争取和平解决,又要加强实力;既要探讨有效途径,又要采取实际步骤,比如我们也可以移民。

第二章 相关国际法理论及其在南沙群岛争端中的适用

第一节 国际法中关于领土的取得与变更方式

一、国际法中关于领土的取得方式

国际法中关于领土取得和变更的方式分为传统和现代两种。国际法中传统的领土取得和变更方式有五种:先占、添附、时效、割让、征服。其中先占、添附、时效、征服是原始的取得方式,割让则是转承取得方式。现代国际法的发展,出现了民族自决和公民投票两种新的方式。

先占制度是从罗马法中关于私有财产的先占制度演变而来。一些著名的国际法学者认为先占制度是"唯一自然而原始的取得领土的方式。"①先占的对象只能是无主地,对于无主地,国家可以通过有效的占领而成为国家领土的一部分。1493年5月4日,教皇亚历山大六世发布敕令,将新发现的土地分给西班牙和葡萄牙,从而"发现"成为领土取得的要件。但是,到18世纪,由于欧洲国家争夺殖民地的斗争非常激烈,仅仅"发现"已经不能构成领土取得要件,还必须是"有效占领"。

---

① H. Grotius, De jure belli ac pacis, Eng. Trans. , Bk. 11, Chap. 111. , Charles G. Fenwick, *International Law* , 4th Edition, Meredith Publishing Co. , 1965 , p. 404.

"有效占领"的构成要件是主观因素和客观因素。所谓主观因素是指占有者要有取得的意思；客观因素是要有占有行为的存在。1931 年 1 月 28 日意大利国王对法国与墨西哥关于克里普特岛事件的仲裁裁决和 1933 年 4 月 5 日常设国际法院对丹麦和挪威关于东格陵兰法律地位案件的判决①均承认有效占领为非国家领土的取得要件。

　　所谓有效占领是指一国有将非国家领土置于本国管辖的意思表示，这种意思表示可以是以国家发表宣言、宣告声明，或以国内立法、行

---

　　①　1931 年 7 月 10 日，挪威政府发表了一项公告，宣布对爱里克—劳德斯地（北纬 71°31′—75°40′）的东格陵兰地区拥有主权，其法律根据是该地区属无主地而不是丹麦的领土。丹麦对此随即提出抗议，并根据常设国际法院规约的任意强制条款提起了诉讼。丹麦政府认为这些土地在挪威占领时期是隶属于丹麦王室的，因此不能为别的国家占领。丹麦政府要求法院判决挪威政府 1931 年 7 月 10 日颁布的占领公告和在这方面采取的任何步骤已构成对现实法律形势的破坏，因而是非法的和无效的。常设国际法院审理了此案并于 1933 年 4 月 5 日，以十二票对二票作出有利于丹麦的判决。承认丹麦对东格陵兰的主权而否定了挪威的公告中宣布的对东格陵兰地区的主权主张。
　　法院认为，挪威在 1931 年 7 月 10 日宣布的对东格陵兰的占有行为和与此相关的任何步骤都是非法的、无效的。理由有两个：一个是从历史上考查，在 1931 年 7 月 10 日之前没有任何国家对丹麦的格陵兰岛的主权提出异议，丹麦连续不断地和平稳地在该地行使着主权。自 1380 年开始，丹麦和挪威曾结为政合国时，丹麦国王在格陵兰的权利即已相当主权。17 世纪初，它还曾派探险队到该岛，并排斥外国人在该地区的经商活动。1721 年，丹麦在该岛建立了殖民地，更加显示和行使了主权。根据 1814 年签订的基尔条约，丹挪政合国把挪威割让给瑞典，格陵兰依然属于丹麦，由它继续行使着权力。如 1863 年丹麦发布了一系列的关于授予英国人泰勒在格陵兰东岸从事贸易、狩猎和开矿的专属权的特许文件。在 1915 年至 1921 年间，丹麦政府向外国发函，请求承认它对格陵兰主权的效力，1921 年 5 月 10 日还颁布了法令以加强它对格陵兰的统治。上述事实说明丹麦对整个格陵兰，当然包括东格陵兰实行着有效统治，因此应确认丹麦对东格陵兰地区的领土主权。另一个理由是，挪威的行为表示它认可了格陵兰属丹麦领土。如挪威通过成为有关格陵兰归属问题的国际协定的当事国而对丹麦的权利作了保证，在这些条约中说明了格陵兰属丹麦的殖民地，或说明允许丹麦把格陵兰排除于条约的效力范围之外。另外，挪威的外交大臣爱赫伦于 1919 年 7 月 2 日在接见丹麦驻克里斯蒂安尼亚公使时曾口头声明（此声明经他本人记录在案）表示挪威政府对丹麦拥有的格陵兰的主权不予阻挠，不占领格陵兰的一寸土地。法院认为这一声明对挪威是具有拘束力的，至少挪威承担了不对丹麦在全格陵兰岛的主权提出异议的义务。

政措施等其他方式,表示对已占领的这块无主土地有永久控制的意思,或已把该区域划入自己国家的版图;以及为在该地区和平行使国家职能采取具体措施,实施占领,也就是说国家在该地区通过立法、司法或行政手段实行有效地占领或控制,如设立居民点、悬挂国旗、建立行政机构等。可见,有效占领要求国家要在占领地区布置能够充分行使国家职能的军人和警察,具体地实现占领;而且占领者应该是和平行使国家职能。胡伯在 1928 年关于帕尔马斯岛仲裁中,承认了以上两点。

必须注意,随着国际社会的发展,进入 20 世纪,世界上已经不存在严格意义上的无主地,非国家的土地也不能说是无主地。

关于"添附"方式,国际法规定,由于自然原因和人为因素形成的新的土地,使原有领土扩大,扩大了的领土仍然为该国所有。添附分为自然添附和人为添附。因自然原因导致的领土增加是自然添附,如河流入海口泥沙淤积使三角洲面积扩大,领海内新岛屿的出现等;通过围海造田、建筑堤坝、在暗礁上建设人工设施等,使领土扩大,这是所谓的人工添附。

割让是指一国通过条约将本国的部分领土转移给另一国。割让又可分为强制性的割让和非强制性的割让。强制性割让是一国通过使用武力以签订条约的形式迫使他国将其领土转给自己。由于这种转让是在武力威胁或战争基础上实现的,因此显然是不平等的。历史上多次发生过强制割让领土的事件。如 1871 年法兰克福条约规定,法国将阿尔萨斯和洛林割让给德国;而在 1919 年的布鲁塞尔条约中,又将两地割让给法国。非强制性割让是指国家在平等的基础上,和平地转让部分领土。如 1867 年俄国将阿拉斯加卖给了美国,1960 年中国与缅甸相互交换两国边界上的部分领土。

传统国际法允许通过战争手段解决国际争端,因此强制性割让也是合法的。19 世纪末 20 世纪初两次海牙和平会议、1928 年的巴黎非战公约、联合国宪章均要求各国摈弃战争,用和平的方式解决国际争端,所以,强制性领土割让已经被现代国际法所否定。而非强制性的领土割让,由于是基于平等自愿,所以仍然有其合法性。

征服是指国家通过使用武力占领他国领土的全部或部分,在战争状态结束以后将该领土加以兼并的一种领土取得方式。由于这种取得领土的方式与联合国宪章和其他国际法的基本原则相违背,所以,现代国际法不承认征服是一种有效的领土取得方式。

时效是指国家占有他国的部分领土,经过长期和平地行使管理权,从而取得对该领土的主权。所谓"和平地行使管理权"是指在该国占有该领土时,他国并不对此提出抗议和反对,或者停止这种抗议与反对,从而使该国对该领土的占领不再受到干扰。时效原则不能单独使用,必须和其他领土取得方式合并考虑。现代国际法反对侵犯别国领土主权,反对非法占有他国领土,而且现代国际社会没有任何国家愿意自己的领土被其他国家占领,所以,通过时效方式取得领土不具有现实意义。

二、国际法中关于领土的变更方式

现代国际法新发展了的领土变更方式有民族自决、全民投票、恢复领土主权。

民族自决是指一个民族从殖民国家或宗主国脱离而成立独立主权国家或加入他国而发生的领土变更。根据该原则,二战后亚洲、非洲出现了许多新兴的独立民族国家。

全民公决或全民投票,是指某一领土上的居民以充分自主的投票方式决定其领土的归属。通过该原则,1935年萨尔区并入德国,1939年原属波兰的西乌克兰和白俄罗斯分别并入乌克兰和白俄罗斯,1969年西伊里安并入印度尼西亚。

恢复领土主权或收复失地,是指国家收回以前被别国非法占有的领土,恢复本国对该领土的历史性权利。现代国际法禁止以武力或武力威胁的方式侵犯别国的领土主权,反对以武力或武力威胁取得别国的领土,所以,也就承认各国收回被占领的土地。收回被占领土地的方式既有和平的方式,也有非和平的方式。通过和平方式,中国收回了在香港、澳门的主权。通过战争,中国从日本铁蹄下收回了台湾、澎湖列岛;印度从葡萄牙收回了界河、达曼、第乌;科威特从伊拉克收回国土。可见,现代国际法允许通过战争手段收回失去的主权。

第二节　适用于南沙群岛主权争端的领土取得与变更方式

从以上的叙述可以看出,征服、割让、时效领土取得方式是对于原来在他国的主权管辖之下的土地,所以,这些领土取得方式不适用于南沙群岛。全民公决、民族自决领土变更方式,是对于有众多居民或土著民族而言,也不能适用于南沙群岛领土争端。剩下的只有先占、添附、收复失地等方式可以适用于南沙群岛主权之争。

南沙群岛远离中国大陆,又只有少数较大的岛礁,如太平岛、西月岛、中业岛、南钥岛、景宏岛可以居住。这种居住还只能是可以居住,谈不上适宜居住。其他90%多的岛礁、沙滩、暗礁不宜居住。因此,涉及南沙群岛的主权的领土取得方式,只能是一种原始取得方式。不能用对陆地领土取得方式加以要求。

先占的对象只能是"无主地","凡是在社会上和政治上有组织的部落或民族居住的土地,就不能认为是无主地。"①中国人民早在汉代

---

①　*Encyclopedia of Public International Law*, Vol. 2, Decisions of International Courts and Tribunals and International Arbitrations, North-Holland Publishing Co., p. 291.

时,就对南沙群岛加以命名,史书给以记载,表明中国人在这时发现了南沙群岛,并逐渐被纳入行政管辖。中国渔民在岛上生活,建立庙宇和其他生活设施。对于汉代的中国,或者再晚些,对于宋朝的中国,南沙群岛显然是无主地。到19世纪末20世纪初,世界上早已没有无主地,而越南、菲律宾、马来西亚等南海周边国家到了20世纪50年代,有的国家甚至到了20世纪80年代,才提出对南沙群岛享有主权,这时的南沙群岛不用说已经是有主土地了。

添附方式也适用于南沙群岛,因为南沙群岛中的岛礁是由珊瑚虫生长而成。我国《后汉书》记载:"交趾七郡贡献,皆从涨海中,可七八百里,到珊瑚间,底大盘石,珊瑚生其上。"①古代中国人就认识到南沙群岛是由珊瑚生成。珊瑚虫不断地分泌出钙质,在自己的体外塑造珊瑚萼,珊瑚萼不断被钙质堆砌而变厚、增大。据一些专家测算,南沙群岛的最南端曾母暗沙水深17.5米的顶部的珊瑚礁增长率是5.5厘米/年。"西沙珊瑚礁总体的成长率约1毫米/年左右。"②可见,南沙群岛是由珊瑚虫堆砌逐渐扩大而成的。由于这种自然添附而扩大的南沙群岛自然也是中国的领土。

在南沙群岛还存在着人工添附。应联合国教科文组织的委托,在南沙群岛的永暑礁建立海洋观测站,作为全球性海洋观测提供科学数据的组成部分。永暑礁呈东北—西南走向,是由数个退潮露出礁,并包括被海水冲刷的珊瑚点滩组成的椭圆形环礁。礁缘陡深,各礁间水深达14.6米—40米。高潮时,只有西南端露出点礁和东南侧露出约0.6米的礁石,其余的礁石均隐没在水下。1988年,我国建设者在永暑礁的礁盘上建立起观测站、码头、道路、楼房、油库、水库、运动场等陆地设

① 《太平御览》卷69。
② 何纪生、钟俊梁:《从考古发现看西沙群岛珊瑚礁的成长率》,1979年。

施。此外,我国还在其他一些礁石上建立有高脚屋。显然,这些由我国人工建造的设施也属于中国领有。

至于恢复失地原则,已经适用于我国收回香港、澳门的实践。由于我国南沙群岛中有40多个岛礁被越南、菲律宾、马来西亚等国占领,中国在南沙群岛水域的石油矿藏被非法开采、掠夺,中国终将有一天,无论采取何种方式,会把被占领的岛屿、礁石和沙滩收回,以恢复中国在这片土地上的合法权益。

第三节　南沙群岛争端的复杂性

一、国际争端的分类

1927年,国际常设法院在法国诉土耳其的"荷花号案"的判决中,对国际争端的定义做了说明:"两个以上的国家对某一特定权利或某一特定事实的主张不一致或对某一事实的法律观点或是利害关系的冲突。"简言之,国际争端(International Disputes)是指国际法主体之间,由于法律或事实问题上的主张不一致,或者是政治利益和特定权利上的矛盾对立。据此,传统国际法将国际争端分为法律性质的争端和政治性质的争端两大类。

所谓法律性质的争端,或权利争端,是指争端当事国之间基于具体权利和义务的争端,其特点是以国际法为依据。根据《国际法院规约》第36条第2款规定,法律性质的争端可分为四类:(1)条约的解释;(2)国际法的任何问题;(3)任何事实之存在,如经确定即属违反国际义务者;(4)因违反国际义务而应予赔偿的性质和范围。解决这类争端的方法可以采用仲裁或司法程序,所以,法律性质的争端又被称为"可裁判的争端"。

　　政治性质的争端，或利益冲突，是指争端当事国之间由于政治利益冲突，而无法按照法律标准作出有效解决的争端。政治性质争端涉及国家主权和独立、国家安全与国家名誉、民族感情等重大政治问题。对于政治性质的争端，难以用法律方法加以解决，所以，政治性质的争端又被称为"不可裁判的争端"。

　　国际关系的实践和现代国际法的发展证明，国际争端很难简单分为法律性质的争端和政治性质的争端，许多国际争端既有法律因素又有政治成分，从而出现了混合性质的国际争端。而且，混合性质的国际争端中，有的法律成分多一些，相应地政治成分要少一些；或者政治成分超过法律因素。总之，难以将政治因素与法律成分截然分开，这就需要对每一争端进行具体分析和深入探讨。对于这类国际争端的解决，既可以采取单纯的法律方法，也可以采取单纯的政治方法，或者同时采用法律和政治方法。

　　除以上三种国际争端外，在现代国际关系中，还可能存在一种由于有关国家对某项事实、某种情况或某项事实真相意见不同而引起的事实争端。对于事实不清楚，或者对事实意见不一致，最好通过政治解决途径中的调查、和解等方法加以解决。

二、南沙群岛争端是兼具法律和政治的混合性争端

　　从以上对国际争端的分类，我们可以看出，国际争端是复杂的。就现在看来，南沙群岛争端也是复杂的。之所以说"就现在看来"，原因是南沙群岛争端最初本不存在。一些外国学者认为，南沙群岛争端较早就存在，而且使用"南海国际纷争"、"南海是国际共有海域"①这种

---

　　① 日本大学法学部教授浦野起央在 1997 年刀水书房出版的《南海诸岛国际纷争史》一书和写的一篇未发表的论文中，明确使用了这些词汇。

词汇,显然是要把南海周边以外的国家也引进来。对此,我们是不能同意的,而且应该给予高度重视。

南沙群岛争端涉及中国、越南、菲律宾、马来西亚、文莱、印度尼西亚六个国家。

南沙群岛主权争端原本并不复杂,今天之所以变得如此难以解决,其主要原因是我国自己没有在第二次世界大战之后一如既往地在南沙群岛建立牢固的基地,并不断向南沙群岛中可以居住或者经过改造后可以居住的岛屿尽可能地进驻。

第三章　地图的法律意义及其
在南沙主权之争中的适用

在解决英法海峡群岛主权、泰国与柬埔寨关于柏威夏寺庙主权、约旦与以色列边界问题等现代国际边界争端中，地图发挥了重要的法律功能，我们将其归纳如下：疆域图反映了国家主权管辖范围这一事实，尤其军事地图更是国家主权的展示；在解决边界纠纷中，各类地图可以起到证据的作用；当一个国家出版发行反映自己疆域的地图，其他国家沿用这类地图，或者没有对这些地图提出反对意见，这种行为应该被视为国际法上的承认和默示；特别是当边界地图作为条约的附件被接受时，地图具有相当于条约、准条约的法律效力。有大量的中外地图，其中包括南沙群岛争端当事国的地图反映了南沙群岛归属中国。地图以上的这些法律功能在南沙主权争端中均可以适用，由此证明中国对南沙群岛享有主权是不争的事实。

第一节　地图的法律意义

一、地图的一般功能

根据《中国大百科词典·地理卷》的解释，地图是指按照特殊的数学规则，通过地图概括，然后用特定的符号将地面上的自然和人文现象缩小表示在平面上的图形。

地图解决了由球面展成平面、内容繁简与图面清晰易读这两对矛盾。地图符号，如点、线、面色彩可以以最小空间表示尽可能丰富的内容，还可以高度缩小图形面积、夸大表示按比例尺不能表示而又重要的现象，地图具有直观一览性、地理方位性、抽象概括性、几何精确性等特点，以及信息传输、图形模拟、图形认识等基本功能。正由于地图这些特殊功能，以及科学技术的发展，尤其是数学、计算机技术和地图方法相互结合而产生的地理信息系统的广泛应用，使得许多部门和领域有可能出现地图化趋势。可以肯定，地图方法将像数学方法一样得到更加广泛的应用和更深入的发展。

二、地图的法律功能

（一）英法关于曼基耶群岛、艾克里荷群岛主权之争中地图的作用

在英吉利海峡的泽西岛和法国海岸之间的曼基耶（Is Minquiers）和艾克里荷（Is Ecrehos）两群小岛和礁石的主权争端案中，法官一致同意英国享有两群小岛和礁石的主权。法官判决的重要依据是法国海事部长给本国外交部的一封信和两幅海图。这两幅海图没有把曼基耶群岛和艾克里荷群岛划入法国版图。①

艾克里荷群岛和曼基耶群岛距英国非常遥远，但艾克里荷群岛距离法国海岸仅 6.6 海里，曼基耶群岛距法国大陆 16.2 海里，距法国的索西岛仅 8 海里。这些小岛当中只有很少几个可以居住，平常只是为渔民提供临时避风地或为夏季游客提供方便而已。

第二次世界大战以后，法国与英国都想对两个群岛享有主权，反对将两个群岛作为无主地或共管地。1950 年 12 月 29 日，两国签订特别

---

① 国际法院报告（1953 年），第 47 期，第 71 页，转引自《美国国际法杂志》1963 年第 57 期，第 785 页。

协定,同意将争端交给国际法院裁判。

　　英国与法国为获得对这两个群岛的主权,提出大量的历史依据。英国认为,自 1066 年诺曼底公爵征服英国开始,整个英吉利海峡,包括曼基耶群岛和艾克里荷群岛属于英国。法国则认为,1202 年 4 月 28 日,法国法院判决,除主要的海峡岛屿——泽西岛、根西岛、奥尔德尼岛属于英格兰所有,其余原由英格兰约翰王拥有的法王封地被剥夺;1204 年,法国国王菲利普-奥古斯都征服诺曼底,把盎格鲁-诺曼底人逐出了诺曼底,因此,自诺曼底领地解体以后,曼基耶群岛和艾克里荷群岛以及其他靠近法国海岸的岛屿已为法国国王所拥有。

　　为支持自己的权利主张,英国和法国向国际法院提交了大量英法两国双边条约和其他文献。法院在审阅了有关条约后认为,1259 年《巴黎条约》、1360 年《加来条约》、1420 年《特洛伊斯条约》等条约和协定都未规定这两个群岛的归属。1839 年的英法渔业专约也只规定了在英法两国渔民捕鱼区外,设立一个共同的渔区,曼基耶群岛和艾克里荷群岛正好在共同渔区之内。但是,专约没有提出共同渔区内陆地主权问题。

　　但是,法官在审阅双方提交的文献中,注意到了法国海事部长给法国外交部长的一封信和两幅海图。这封信和海图又由法国大使发给英国外交部。信函表示曼基耶群岛属于英格兰,其中一幅海图显示曼基耶群岛属于英国。对艾克里荷群岛未划出领水线,但其中部分表示属于英国,其余部分显然被看成是无主物。英国外交部备忘录认为,以上信函和海图表明法国将艾克里荷群岛看作是"不属于任何国家",因而也不属于法国,将曼基耶群岛看作是属于英国。① 法国代表认为信函和海图只是在划分英法两国渔民捕鱼活动时提出,并不涉及两国领土的划界。英国法律顾问兼首席代表哈里森反驳说,法国海事部长发出

————————————

　　①　《美国国际法杂志》1963 年第 57 期,第 785—786 页。

的信函和海图是一种政府行为,代表了法国政府的立场,因此信函和海图应该作为国际法院裁决的重要依据。

在诉讼程序中,双方都提供了大量地图,以支持自己的立场。为了避免只使用英国本国地图,英国首席代表哈里森特意准备了两幅不同版本的德国地图。两幅德国地图都将曼基耶群岛和艾克里荷群岛画入英国版图。英国代表据此认为,两幅德国地图非常明显,而且很重要,法院应该给以充分考虑。法国代表也承认,在领土争端中,地图的作用非常重要,但法庭应该注意其他持中立立场和更加精确的地图。法国也出示了意大利、瑞士、匈牙利、德国和英国的地图。但英国代表认为,法国出示的这些地图,虽然没有显示这两个群岛属于英国,但同时也没有标出两个或其中一个属于法国。

裁决英法争端的法官列维·卡莱罗注意到地图证据,并认为,地图在解决领土的法律地位问题时,虽然不起决定作用,但它提供证据表明主权行使和领土归属这一事实。

(二) 柬埔寨与泰国关于柏威夏寺庙主权之争中地图的显明作用

在柬埔寨与泰国关于两国边界之间的柏威夏(Preah Vihear)寺庙争端案中,地图的作用得到充分展示。

柏威夏寺庙位于柬埔寨和泰国交界的扁担山山脉的东段。1904年2月13日,暹罗(今泰国)与当时柬埔寨的"保护国"法国签订了划界条约,确定了两国在扁担山山脉东段的划界原则是以分水岭为界。双方商定,成立一个划界委员会,对边界进行实地勘测和定界。1906年底,由法国人负责的勘测委员会对包括柏威夏寺庙在内的扁担山山脉东段进行勘察。1907年3月23日,法国与暹罗再次就进一步划界达成一项新的协议。

在完成签订边界条约和实地勘察步骤之后两国进入解决边界问题的最后程序——制定更详细的议定书和绘制地图。在绘制地图的工作中,暹罗自己未派人参加,而是委托法国人完成。1907 年,法国人绘制完成了边界地图。1908 年,法国人将绘制好的地图交给暹罗政府,该地图作为备忘录成为两国边界条约的附件一。但是,作为附件之一的一幅地图把本应划在暹罗一边的柏威夏寺庙(该庙位于山脉分水岭的暹罗一侧),划到柬埔寨一方。当时的暹罗政府不仅没有对此错误提出任何异议,而且对法国人的工作表示感谢。40 年后的 1948 年,泰国发现地图有误,便派出军队进驻寺庙。法国政府和独立后的柬埔寨先后提出抗议,要求泰国撤出军队,但是遭到泰国的拒绝。

　　1959 年 9 月 30 日,柬埔寨根据 1907 年法国和暹罗之间的划界地图,向国际法院提起诉讼。国际法院在审理了柬埔寨、泰国双方提出的证据后认为,两国划界中绘制的地图,将柏威夏寺庙标明在柬埔寨一边这一事实与双方确定的划界原则——东段以扁担山山脉分水岭为界不相符。地图作为条约附件之一从未经当时的双边委员会批准,因此地图在初期并不具备法律拘束力。但是有以下理由说明柬埔寨和泰国应以地图为依据,而不是以条约中其他条文为准。地图作为划界的结果被送交暹罗政府;而暹罗有关当局在当时和以后的许多年中对此没有提出任何异议,这就表示了它们的默示承认。再者,这幅地图被送交暹罗政府代表,他们都没有表示反对。因此由于暹罗当局没有调查而接受了附件一地图,他们现在就不能以任何错误来否定他们同意的真实性。[1] 泰国接受了这幅地图,就是接受了图上标明的边界,这已经构成对柏威夏寺庙主权属于柬埔寨的承认。[2]

　　(三)比利时与荷兰关于两国边境村庄主权之争中地图的作用

　　在比利时与荷兰关于边境地区两个村镇的争端案中,地图作用再

---

[1]　梁淑英主编:《国际法教学案例》,中国政法大学出版社 1999 年版,第 68 页。

[2]　陈致中编:《国际法案例》,法律出版社 1998 年版,第 156 页。

次得到展现。1836 年 11 月 29 日,比利时的巴列-杜克(Baerle‐Duc)市长与荷兰的巴列-拿骚(Baarle‐Nassau)市长为了划分征税区达成协议备忘录。1839 年 4 月 19 日,两国签订分治的《伦敦协定》,该协定规定成立混合边界委员会。1842 年 11 月 5 日,双方签订边界条约。根据边界条约第三条,两国同意把"描述细节、详细勘测的地图、地形图作为条约附件,这些附件与条约具有同等的效力"。但是,比利时与荷兰在协议备忘录和边界条约的解释问题上发生冲突。比利时认为根据协议备忘录,两个村镇应归属比利时,荷兰则认为边界条约确认了两个村镇归属荷兰的事实。

法庭审查了边界委员会记录,认为地图的作用对于双方委员会来说,肯定非常明显,因为这些地图需要非常仔细的准备和核实。标明争端土地属于比利时的地图成为解决争端的依据的一部分,而且和条约本身具有同样的法律效力。① 法庭还注意使用了标志着以上村镇归属比利时、并由比利时出版的军用地图。比利时代表辩护声明说,"军用地图是主权的展示"。②

莫雷诺·昆塔拉(Moreno Quintana)法官认为两国争端属于条约解释争端,由于错误使双方发生分歧,从而得依据地图作出判断。③

显而易见,在比利时与荷兰的领土归属争端中,地图被赋予了一定的重要性。比利时为了驳斥荷兰的观点,充分发挥了地图的作用。

在 1928 年国际常设法院裁决帕尔玛斯争端中,胡伯大法官认为,

---

① 《国际法院报告》(1959 年),第 209 期,第 216、220 页,转引自《美国国际法杂志》1963 年第 57 期,第 788 页。关于地图作为争端双方协议的附录,具有与双方协议同等法律价值问题,可以参阅 1950 年以色列代表就与约旦边界争端问题所作出的阐释。

② 《国际法院诉状》,比利时—荷兰关于边界土地主权案,转引自《美国国际法杂志》1963 年第 57 期,第 789 页。

③ 《国际法院报告》(1959 年),第 209 期,第 254 页。

对于争端领土的归属,地图有着间接的作用,"在间接证据中,……从地图中可以找出证据。"胡伯大法官继续说道,在下列两种情况下,地图发挥作用,"绘图员不仅仅根据已有的地图,而是他为此目的仔细收集材料之后绘制成";"官方和半官方地图应可以满足这种情况。"

总之,在解决现代国际边界争端中,地图发挥了重要的法律功能①,现将其归纳如下:疆域图反映了国家主权管辖范围这一事实,尤其军事地图更是国家主权的展示;在解决边界纠纷中,各类地图可以起到证据的作用;当一个国家发行反映自己疆域的地图,其他国家沿用这类地图,或者没有对这些地图提出反对意见,这种行为应该被视为国际法上的承认和默示;特别是当边界地图作为条约的附件被接受时,地图具有相当于条约的法律效力。

第二节　标明南沙群岛属于中国的国内外地图

中国人最先发现、最先占有南沙群岛,中国政府最先对南沙群岛行使主权管辖。大量中外地图将南沙群岛划入中国版图表明了南沙群岛属于中国这一事实。②

一、中国政府将南沙群岛属于中国这一显明的事实通过出版发行地图加以确证

(一)清朝疆域图以府一级行政单位反映了南沙群岛为我国领土这一事实

1842 年(清道光二十二年)俞昌会《防海辑要》卷首第一页《直省

---

① 参见邹克渊:"南中国海中的中国传统海洋边界线及其在斯普拉特利群岛争端解决中的法律影响",载《国际海洋和海岸法杂志》1999 年第 1 期,第 48 页。

② 张爱宁:《国际法原理与案例》,人民法院出版社 2000 年版,第 280—281 页。

海洋总图》中,绘制有"万里长沙"和"(万里长)沙",前者指东沙群岛和西沙群岛,后者指中沙群岛和南沙群岛。这就明确表示南沙群岛属于中国领土。

1904年(清光绪三十年)吴长发重订《大清天下中华各省府州县厅地理全图》中,绘有"万里长沙"和"万里石塘"。"万里石塘"指中沙群岛和南沙群岛。图中作者把"万里石塘"划为我国的府一级管辖的行政单位。显然,该图反映了清朝实际管辖范围包括南沙群岛这一事实。

1905年(清光绪三十一年)王兴顺重订《大清天下中华各省府州县厅地理全图》中,仍将中沙群岛和南沙群岛以"万里石塘"的名称划入我国版图。图中用长方形图例把"万里石塘"标明为府这一级行政单位。①

(二)民国时期出版的反映南沙群岛属于中国的地图

民国时期将南沙群岛划入中国版图的个人和政府出版的地图,可以分为两类。第一类就在1933年法国殖民主义者宣布占领我南沙群岛的九小岛事件之后,有八种版本的地图把南沙群岛中的九个小岛属于我中国这一事实反映出来;第二类,把南沙群岛、中沙群岛、西沙群岛、东沙群岛作为一个整体海域划入我国版图的地图,该类地图共有60种版本。② 属于前一类的地图有童世亨著、陈镐基校的《中国形势一览图》(一册)和《世界形势一览图》(一册),两本图册都将南沙群岛的一部分划入中国版图。1934年和1935年出版的另外6种地图将南沙群岛部分岛屿划入中国版图。

---

① 参见韩振华主编:《我国南海诸岛史料汇编》,东方出版社1988年版,第309页、311—312页。

② 同上书,第319页。

属于第二类的地图,如,1936年北平建设图书馆发行的《中华建设新图》(中等学校适用)第二幅图将南海四个群岛划入中国版图,并在四周用范围线标明,最南端是北纬4度,将曾母暗沙标在范围线以内。而且作者在这幅图中作了注解,认为南沙群岛是我国渔民生息之地,其主权当然属我。1937年该书再版时,划法完全相同。1947年7月,上海舆地学社编《新编中国地理教科图》(中学适用),在第4页的中国政区图中,将南沙群岛和其他三个群岛用范围线标出,并写有"中华民国领",表示其属于中国版图,最南端在北纬4度。1947年7月由上海出版的《世界地理教科书》,其中第九图在南海四个群岛周围划有范围线,将南沙群岛划在我国版图之内,最南端在北纬4度。1947年7月上海出版的《中国分省新地图》、由商务印书馆出版发行的《新编中国地理教科书》第4页的《中国政区图》和第20页的《广东省图》、1947年亚光舆地学社出版的《本外国地理教科图》第12页的《福建、台湾、广东、广西》图、1947年8月武昌出版的《中华形势讲授地图》、9月亚光舆地学社出版的《现代中国大地图》中的《南海诸岛图》、12月上海商务印书馆出版的《中国新地图》中的《近代中国疆域变迁图》、内政部方域司制、国防部测量局代印的《南海诸岛位置图》、1948年2月内政部方域司制由商务印书馆印行的《中华民国行政区域图》中的《南海位置图》、3月亚光舆地学社出版的《现代中国大地图》、4月由东方舆地学社出版的《中国新地图》中的《中国政治区域图》、7月由申报馆发行的《中国分省新图》中的《广东》图、1949年1月亚光舆地学社出版的《中华民国新地图》中的《南海各岛图》、4月新亚舆地学社出版的《最新中国大地图》中的《南海岛屿》、9月中国史地学社出版的《新中国地图》中的《南海诸岛图》,等等。这些地图都用范围线把南沙群岛包括在我国的版图之内,最南端划在北纬4度。

将南沙群岛全部划入中国版图的地图达60种,仅从数量来就可以看出当时普遍承认南沙群岛是中国领土。特别值得注意的是1935年民国政府的水陆地图审查委员会编辑印行的《中国南海各岛屿图》,该图把今天的南沙群岛以团沙群岛的名称划入我国版图。民国政府的地图审查委员会是由当时的参谋本部、内政部、外交部、海军部、教育部和蒙藏委员会派员共同组成。该委员会负责审查全国各地出版的水陆地图。1935 年 3 月 22 日,委员会第 29 次会议决议要求政区疆域各图必须划明团沙群岛(南沙群岛)以及其他南海三个群岛。1947 年,内政部正式决定将团沙群岛改为南沙群岛,并正式核定颁布,这些岛屿名称沿用至今。民国的这些政府行为为维护我国领土完整奠定了基础。

至于南沙群岛范围线的划法问题,内政部方域司于 1948 年 2 月正式公开出版的地图把最南端划在包括曾母暗沙在内的北纬 4 度左右。这种划法沿用至今。

二、与南沙群岛争端有关的当事国将南沙群岛划入中国版图的地图

在今日南沙群岛主权争端中,越南侵占我 20 多个岛礁,但是越南以前出版的地图却清楚说明越南过去是承认中国对南沙群岛享有主权的。1960 年越南人民军总参谋部地图处编辑出版的《世界地图》用越南文清楚标明"南沙群岛(中国)"属于中国领土。这不得不令人想起在比利时与荷兰领土争端中,比利时代表出示本国军用地图时申明:"军用地图是国家主权的展示"。越南军队地图同样也是国家主权的展示,这说明越南主权所及范围不包括南沙群岛,南沙群岛属于中国。1964 年越南国家测绘局出版《越南地图集》第 5 幅用汉语拼音写的南沙群岛,南沙群岛属于中国。1972 年、1974 年越南国家测量和绘图局分别出版的《世界地图集》和《世界政治地图》都按中国名称以越南文标明"南沙群岛"。

越南出版的本国地图没有把南沙群岛列入其版图之内,而这时中国早已把南沙群岛列入中国版图,这说明越南政府对中国地图的划法

予以承认,事实上也就是承认中国对南沙群岛的主权。1964年越南测绘局编制出版的《越南地图》、1966年越南国家地理署出版的《越南地形道路图》、1968年越南教育出版社出版的《越南行政区域图》、1972年越南国家测绘局出版的《世界地图册》以及50年代西贡出版的《越南交通图》、《越南版图》等均未将南沙群岛列入本国版图,但用汉语拼音标明南沙群岛,这应该被视为对中国的南沙群岛主权的默认。

今日南沙群岛主权之争中的菲律宾也曾经有大量地图承认中国对南沙群岛享有主权。1940年菲律宾调查统计委员会出版的《多卷本菲律宾调查统计地图》、1950年出版的《菲律宾地图》、1969年马尼拉调查委员会、海岸和大地测量局出版的《地图集》都未将南沙群岛划入本国版图。

今日南沙群岛争端当事国中的菲律宾、越南这两个主要国家在中国政府审定并公开出版大量关于南沙群岛属于中国的地图后,仍未提出反对意见、也未在本国地图中列入其版图,显然说明两国承认了中国享有南沙群岛主权。

在今日南沙群岛争端当事国之外的国家中,日本与法国是比较特殊的一类。因为两国都曾有侵占我南沙群岛的罪恶历史,在他们结束对南沙群岛的侵略以后,承认中国对南沙群岛的主权[1],代表政府的地图将南沙群岛划入中国版图。这一事实应该是驳斥今日对南沙群岛有主权要求的菲律宾、越南、马来西亚、文莱的有力证据。

1952年,日本全国教育图书株式会社出版的《标准世界地图集》中的第15幅"东南亚"图,其划法与中国地图的划法完全一致,将南沙群岛用国界线标明属于中国,南沙群岛的名称亦用汉语拼音注明。[2] 特

---

[1]　《南海诸岛国际纷争史》的作者,日本大学法学部教授浦野起央语。
[2]　韩振华主编:《我国南海诸岛史料汇编》,东方出版社1988年版,第615页。

别值得注意的是该地图的扉页有日本外务大臣冈崎博男亲笔签名。日本出版新地图并有外务大臣签名,这种行为显然具有国际法意义,即承认中国的有效统治版图范围包括南沙群岛。

1964年,由田中启荣主编的《世界新地图集》第19幅"菲律宾",在靠近巴拉望岛西侧划了一条海上国界线,将南沙群岛划入中国版图,并用汉语拼音注明。该地图的扉页有日本外务大臣大平正芳的推荐书。这再次表明过去侵占中国、东南亚地区的日本将南沙群岛归还给中国,日本承认中国对南沙群岛的主权。

1968年,日本平凡社出版的《新版世界地图》第11页,在南沙群岛之后用括号注明"中"字样,表示该群岛属于中国。①

法国与越南关系更为特殊,自19世纪中叶开始,法国通过殖民主义战争将印度支那的越南、柬埔寨、老挝变成殖民地。一百多年,法国对印度支那政治、经济、外交有着决定性的影响。就是这样的一个国家,在1956年由拉鲁斯书店出版的《拉鲁斯世界政治与经济地图集》第13B幅"东南亚"图,有"南沙岛(斯巴拉特利群岛)(中国)"的注记,表明法国承认南沙群岛归属中国。1969年,由拉鲁斯书店出版的《拉鲁斯现代地图集》第98—99页,在南沙群岛的外围划有海上国界线,其划法与走向基本与我国的划法一致。1970年,法兰西普通书店出版的《袖珍世界地图集》第100—101页对南沙群岛有这样的文字记载"斯巴拉特利岛(中国)"。在这儿,"斯巴拉特利"就是指"南沙群岛"。这也再次表明法国承认南沙群岛属于中国。② 另外,法国没有把南沙群岛划入越南、菲律宾的地图共有7种。如1889年巴黎出版的《世界自然地理与政治地理地图集》第28幅,1907年出版的《法属印度支那》附

---

① 韩振华主编:《我国南海诸岛史料汇编》,东方出版社1988年版,第637页。

② 同上书,第632、636、658页。

《印度支那地图》,1927 年法国出版《法属印度支那殖民地帝国》附图《印度支那政治区域地图》第 2 卷附图,1929 年出版的《法属印度支那殖民地帝国》附《经济地图》第 2 卷附图,1929 年出版的《法属印度支那殖民地帝国》附《印度支那地图》第 2 卷附图,以及出版年代不详的《法属印度支那殖民地帝国》附《印度支那地图》均没有把南沙群岛划入法国殖民地版图,这表明法国政府当时是承认南沙群岛属于中国这一事实的。

美国曾经是菲律宾的宗主国,美国对待南沙群岛的态度也是值得考虑的重要因素。1905 年美国出版的《菲律宾地图》将菲律宾疆域用黑线划明,并证明有"巴黎和约线",明确表示南沙群岛不在菲律宾的疆界线内。1938 年美国出版的《菲律宾地图》将菲律宾的疆界线划成虚线,并注明其为"国际条约线",明确表示南沙群岛不在菲律宾海疆线之内。1939 年和 1943 年美国出版的《古特学校适用地图》第 160 页《印度支那和东印度》图中菲律宾的海界是 1898 年美西条约规定线,明确把南沙群岛排除在菲律宾疆界线之内。1944 年美国军事地图局编辑出版的《菲律宾群岛》地图,也明确将南沙群岛划在菲律宾版图之外。鉴于美国与菲律宾之间的特殊关系,以及美国在帕尔马斯岛仲裁案中的教训,美国在处理南沙群岛的归属时,一定会郑重考虑。美国没有把南沙群岛划入菲律宾疆界线内,这说明美国确实承认南沙群岛不是属于菲律宾。

三、其他国家出版发行的地图①对中国享有南沙群岛主权的承认

至于其他在世界上有影响的国家如英国、加拿大、苏联、瑞士、西班

---

① 关于其他国家出版发行的地图将南沙群岛划入中国版图,以承认中国对南沙群岛享有领土主权这一事实,主要参考韩振华主编的《我国南海诸岛史料汇编》一书,有少量地图是本书作者于 2001 年 1 月从英国剑桥大学图书馆地图室和英国大英博物馆中收集而来。

牙、葡萄牙、意大利、澳大利亚、原东德、原西德、罗马尼亚、捷克、匈牙利、波兰、保加利亚等国家出版的地图将南沙群岛全部或南沙群岛部分划入中国版图,[1]据不完全统计,这些国家出版的这类地图约有 200 种。[2] 如果加上这些国家没有将南沙群岛划入越南、菲律宾、马来西亚、文莱版图的地图,数量会更多。

　　苏联内务部 1954 年出版的《世界地图集》第 141—142 幅亚洲图上,将南沙群岛和南海其他三个群岛全部划入中国版图。同年苏联内务部出版的《地图集》也把南沙群岛划入中国版图。1956 年苏联内务部测绘总局编辑的《中国地图》在南沙群岛后面标注"中国",以表明该群岛属于中国。1958 年苏联总参谋部军事地形处编辑出版的《世界地图集》第 186—187 页也分别注明:"南沙群岛(中国)"、"南威岛(斯普拉特利)(中国)"、"安波沙洲(中国)"。这表示该群岛属于中国。1959 年苏联内务部测绘总局编辑出版的《世界地图集》第 107—108 页标明南沙群岛属于中国。1961 年苏联出版的《东南亚地图》,《简明地理百科全书》第 2 卷第 296 页附图,1962 年莫斯科出版的《世界地图集》第 49 页,1963 年莫斯科出版的《世界地图集》第 101 页"东南亚"、第 86 页"亚洲图"、第 89 页"中国图",1967 年苏联部长会议直属测绘总局出版的《世界地图集》(英文版)第 102—103 页"亚洲图"、第 105—106 页"亚洲政治图"、第 117—118 页"中部和南部中国图"、第 128—129 页"印度尼西亚图",1975 年苏联部长会议直属测绘总局编辑出版的《袖珍世界地图集》第 85—86 页"亚洲图"、第 89—90 页"中国图",这些地图把南沙群岛与中沙群岛、东沙群岛、西沙群岛全部划

---

　　① 　比如英国 1980 年出版的《泰晤士世界地图》第 6 版第 116 页的说明中,承认中国将南沙群岛纳入广东省行政管辖之下,对南沙群岛以及南沙群岛中的主要岛屿都用汉语拼音注明。

　　② 　李金荣主编:《国际法》,四川人民出版社 1990 年版,第 116 页。

入中国版图。

1953 年出版的《苏联大百科全书》附图第 168—169 页"中国图"，
1954 年莫斯科出版的《地图集》第 46 页、第 62—63 页，1955 年苏联部
长会议测绘总局出版的《袖珍世界地图集》第 85—86 页，1957 年莫斯
科地理出版社出版的《外国行政区域图》第 140—141 页，同年苏联内
务部测绘总局编辑出版的《世界政区挂图》，1959 年出版的《太平洋挂
图》和《中学用地图集》，1960 年出版的《简明地理百科全书》附图，
1961 年出版的《苏联小百科全书》附图，1962 年苏联出版的《世界地图
集》第 34—35 页、第 48—49 页，1963 年出版的《苏联大百科全书》，
1965 年出版的《北半球图》，1966 年的《亚洲图》，1967 年的《世界地图
集》，1968 年出版的《苏联中学地图》，1973 年出版的《苏联大百科全
书》中国插图，1974 年出版的《海洋图集·太平洋图》第 280—281 页，
1975 年出版的《袖珍世界地图集》第 101—102 页。这些地图都是由苏
联政府出版或由苏联政府有关当局审查后出版发行的。这就更具有权
威性，对于中国对南沙群岛享有领土主权是一个有力支持。这些地图
将南沙群岛和西沙群岛一并划入中国版图。

1966 年莫斯科出版的《印度尼西亚图》，1974 年莫斯科出版的《印
度尼西亚图》均把南沙群岛划归中国所有。

罗马尼亚在 1957 年由国家出版局出版的《世界地图集》第 27 页记
载南沙群岛归属中国。1964 年出版的《亚洲自然地理地图》中用汉语
拼音拼写并注明南沙群岛归属中国。1974 年出版的《地图集》第 116
幅标注南沙群岛属于中国。

1957 年捷克总测绘局出版的《袖珍世界地图集》第 103 页标注有
南沙群岛属于中国。1958 年捷克中央测绘局编辑的《袖珍世界地图
集》第 26a 图标注南沙群岛属于中国。1960 年出版的《袖珍本世界地
图集》第 27a 图标注有南沙群岛属于中国。1960 年出版的《袖珍世界

地图集》第 22 页标注有南沙群岛属于中国。1963 年和 1964 年出版的
《袖珍世界地图集》第 23 页标注南沙群岛属于中国。

1959 年匈牙利出版的《世界地图集》第 60—61 幅标注南沙群岛属
于中国。同年出版的《亚洲》挂图和《地图集》第 60 页均标注南沙群岛
属于中国。1961 年匈牙利出版的《世界政治经济地图集》第 116—117
页和 1965 年出版的《袖珍世界地图集》第 74 页,1974 年匈牙利地图出
版社出版的《插图本世界政治经济地图集》第 116—117 页标注南沙
群岛属于中国。

原东德也出版了不少承认中国对南沙群岛拥有领土主权的地图。
如 1956 年的《世界地图集》,1968 年莱比锡出版的《哈克世界大地图
集》第 4 集第 28 幅,第 5 集 A4 幅、A6 幅,第 6 集 A6 幅、A12 幅,第 7 集
A12 幅,1970 年出版的《最新世界地图集》第 128—129 幅,1973 年出版
的《哈克家庭适用地图集》第 193 页均标注南沙群岛属于中国,而且在
南沙群岛外围所划出的边界线也与中国的划法一样。

1959—1960 年保加利亚出版的《亚洲中部、东部和南部地图》标注
南沙群岛归属中国。

1957 年波兰出版的《亚洲政区地图》、1960 年波兰的《东南亚》挂
图、1968 年的《培加蒙世界地图》均标注南沙群岛归属中国。

在第二次世界大战以后,由于世界长期处于冷战,英国、法国、美国
等资本主义国家对共产主义中国怀有敌对态度,但是即便如此,这些国
家出版的地图却仍然承认中国对南沙群岛拥有领土主权。实际上,这
代表了西方国家对中国领有南沙群岛主权的承认态度。

1956 年英国出版的《企鹅世界地图集》第 40 页标注有南沙群岛属
于中国。

1954 年西德出版的《世界大地图集》第 9 图标注南沙群岛归属中国。

1970 年西班牙出版的《阿吉拉尔世界大地图集》第 226—227 页标

注南沙群岛归属中国,而且将南沙群岛中的重要岛礁用中文名给以标明。1973 年西班牙出版的《综合世界经济地理地图集》第 63 图、第 67 图、第 73 图均标注南沙群岛属于中国。1971 年西班牙出版的《分层设色世界地图集》也标注南沙群岛属于中国。

1963 年美国出版的《威尔德麦克各国百科全书》说:中华人民共和国各岛屿"还包括伸展到北纬 4 度的南中国海的岛屿和珊瑚礁,这些岛屿和珊瑚礁包括东沙(普拉塔斯)、西沙(帕拉塞尔)、中沙和南沙群岛。"①另外,美国出版的一些地图用中文名字加以标注,表示其承认中国对南沙群岛享有主权。

另外,西方主要国家没有把南沙群岛划入菲律宾或越南的版图。如,1884 年英国出版的《东京或法国在远东》附图《远印度地图》没有把南沙群岛划入印度支那范围。1894 年英国出版的《在东京与暹罗的四周围》附图《印度支那地图》也没有将其划入法国属地。1910 年英国出版的《在安南任职与卸职》附图《印度支那地图》没有把南沙群岛列入印度支那范围。1930 年巴黎、伦敦出版的《印度支那》卷首附图中也没有把南沙群岛划入法国属地范围。

第三节　从地图的法律功能看中国对南沙群岛拥有无可争辩的主权

我们从英法关于曼基耶群岛、艾克里荷群岛争端,柬埔寨与泰国关于柏威夏寺庙争端,及比利时与荷兰关于边境地区两个村庄主权争端

---

① 《中国对西沙群岛和南沙群岛的主权无可争辩——中华人民共和国外交部文件》(1980 年 1 月 30 日),载《西沙群岛和南沙群岛自古以来就是中国的领土》,人民出版社1982 年版,第 8 页。

中可以看出,地图发挥了不同程度的作用。从中国、越南、菲律宾、法国、日本和其他世界上有影响的国家出版的地图看,这些国家都承认中国对南沙群岛享有主权。在今后我国与南沙周边国家的越南、菲律宾、马来西亚、文莱划定海洋边界时,以上国家解决边界领土争端的案例和大量中国、外国的历史地图应该发挥重要作用。我国以及南海周边国家、世界上其他国家承认的中国在1947年划出的南海断续国界线自然是最重要的依据和标准。

南海断续国界线的产生有两个方面的原因:其一是法国侵占我琼南九小岛事件,引起我国政府和人民的强烈反对,中国政府加速了海域主权范围的界定工作;其二是美国总统杜鲁门发布《大陆架公告》,宣布"处于公海下但毗连美国海岸的大陆架的底土和海床的自然资源属于美国,受美国的管辖和控制"。[1] 在当时特殊条件下,中国政府用断续国界线的形式维护我南沙群岛主权的行为,其本身具有法律意义。

在20世纪30年代,民国政府成立的地图审查委员会均由参谋本部、内政部、外交部、海军总部、教育部以及蒙藏委员会等国家强力部门组成。1947年4月14日,内政部再次邀请政府其他部门对南海疆域范围进行讨论,讨论后一致认为"南海领土范围最南应至曾母滩,此项范围抗战前我国政府机关学校及书局出版物,均以此为准,并曾经内政部呈奉有案,仍照原案不变"。"西沙、南沙群岛主权之公布,由内政部命名后,附具图说,呈请国民政府备案,仍由内政部通告全国周知,在公布前,并由海军总司令部将各该群岛所属各岛,尽可能予以进驻。"[2]南海断续国界线"经历了从无到有、从连续到断续、从民间到官方的形成

---

[1]　王铁崖主编:《国际法》,法律出版社1995年版,第272页。
[2]　《测量西沙、南沙群岛沙头角中英界石》,广东省政府档案馆,转引自李金明:《中国南海疆域研究》,福建人民出版社1999年版,第112页。

过程。""从形成过程看,南海断续国界线是中国政府对南沙群岛主权的宣示。"①对南海断续国界线"我们必须坚持不懈,这条线内的领土主权必须维护"。②

胡伯大法官认为,"官方与半官方地图"可以在解决领土争端时发挥作用,③因此,中国政府有理由继续坚持我国历代政府的一贯立场。美国法学家查尔斯·C.海德在他的"地图在国际边界争端中的证据作用"一文中也明确指出:"由一个国家,或在其赞助下,或声称表现其立场的情况下出版的地图,……,可以被认为是国家用来主张其领土边界(方法)。""在几十年内出版一系列同类地图,反映同一实情和事实上划出同一条边界,那么就可以合理地得出如下结论:这些地图表明这种边界,(如果)相关国家在没有新的令人信服的(领土)取得方式,那么这些地图就划定了边界。"海德继续写到"根据特定诉讼当事人的支持或要求出版的地图,在边界仲裁中应该是对诉讼当事人有约束作用。"④海德在此明确承认官方地图在解决边界争端中的重要作用。另外,默迪在他的《边界与地图》一文中也承认,"只要是由国家公开出版的发行的官方地图,那么这些地图是国家对其领土边界的最有力的证据。"⑤另一位英国国际法学家也认为:"起初的情况是,在涉及边界争端时,法院和仲裁庭始终承认地图作为支持争端双方论据的手段所具有的重要性。"⑥

---

① 吴士存:《南沙争端的由来与发展》,海洋出版社1999年版,第30页。
② 李金明:《中国南海疆域研究》,福建人民出版社1999年版,第113页。
③ 转引自《国际海洋与海岸法杂志》1999年第1期,第49页。
④ 查尔斯·C.海德:"地图在国际边界争端中的证据作用",载《美国国际法杂志》1933年第27期,第315页。
⑤ T.S.默迪:"边界与地图",载《印度国际法杂志》1964年第4期,第388页。
⑥ A.C. McEwen, *International Boundaries of East Africa*, Oxford, The Clarendon Press, 1971, p.54.

　　根据《国际法规约》第 38 条的规定,"司法判例和各国权威最高公法学家学说,作为确立法律原则之补助资料。"因此中国能够以承认中国对南沙群岛享有主权的大量地图作为划定南沙群岛海域的海洋边界。中国政府以及其他国家出版发行的大量地图同中国历史上对南沙群岛行使管辖权说明中国对南沙群岛的主权是无可争辩的。南海断续国界线是中国政府对中国版图范围的明确宣示,能够成为中国与周边国家解决南沙群岛划界问题的最重要的依据。

第四章　中国对南沙群岛及其附近海域的权利主张及其法理依据

第一节　中国对南沙群岛及其附近海域的权利主张

中国南沙群岛的地理坐标是北纬 3°36′—11°57′,东经 109°06′—117°50′。南沙群岛东西长约 905 公里,南北宽约 887 公里,面积约为 823,000 平方公里,占中国南海海域面积的三分之一。[①] 群岛的最东端为海马滩,最西端为万安滩,最南端为曾母暗沙,最北端为雄南礁。

根据航空和卫星照片,在南沙群岛有 310 座岛屿、沙洲、礁滩。目前已经命名的岛、洲、礁、沙滩共有 189 座,其中岛屿 14 座,沙洲 6 座,暗礁 113 座,暗沙 35 座,暗滩 21 座。[②] 南沙群岛中较大和较重要的岛屿有 10 多座,如太平岛、南威岛、中业岛、马欢岛等,其中海拔最高的是鸿庥岛,高出海面 6 米;最大的岛屿是太平岛,面积为 0.432 平方公里。

整个南沙群岛自古以来就是中国的固有领土,是中国领土不可分

---

①　吴纯光:《太平洋上的较量——当代中国的海洋战略问题》(中国问题报告),今日中国出版社 1998 年版,第 218 页。

②　吴士存:《南沙争端的由来与发展》,海洋出版社 1999 年版,第 56 页。

割的一部分。根据《联合国海洋法公约》、《中华人民共和国领海及毗连区法》、《中华人民共和国关于领海基线的声明》以及其他有关法律，南沙群岛可以享有相应的 12 海里宽领海、24 海里毗连区、200 海里经济专属区、200 海里到 350 海里的大陆架。总之，中国对南沙群岛及其附近的海域享有主权及主权权利。中国对南沙群岛享有领土主权和其他主权权利，有着充分的法理依据。

第二节　从时际国际法看我国对南沙群岛享有无可争辩的主权

一、有关时际国际法的论述和决议

罗马法中存在时际法原则。公元 440 年，罗马皇帝狄奥多西二世首次提出这一原则。在他的一项法令中指出："法律和敕令是对将来的行为给予范式而颁布的，而不是为过去的事实而规定的。"法学家们从这位罗马皇帝命令中总结归纳出一项著名的法律原则，即"法律不溯及既往原则"。也就是"用以确定因法律的变更而引起的新旧法律在时间上的适用范围问题，即应适用什么时候的法律问题。"①该原则被今天各国法律所贯彻，如美国宪法第9节第3款、法国民法典第2条均有相应的规定，中国《刑法》第 12 条规定："中华人民共和国成立以后本法施行以前的行为，如果当时的法律不认为是犯罪的，适用当时的法律；如果当时的法律认为是犯罪的，依照本法总则第四章第八节的规定应当追诉的，按照当时的法律追究刑事责任，但是如果本法不认为是犯罪或者处刑较轻的，适用本法。本法施行以前，依照当时的法律已经

---

① 李兆杰："国际法中的时际法原则"，载《中国国际法年刊》1989 年号，第 97 页。

作出的生效判决,继续有效。"中国《最高人民法院关于贯彻执行〈中华人民共和合同法〉若干问题的解释》(一)第 3 条规定:"人民法院确认合同效力时,对合同法实施以前成立的合同,适用当时的法律合同无效而适用合同法有效的,则适用合同法。"其他国家的宪法、民法、刑法等也有类似的规定。

1928 年美国和荷兰关于帕尔马斯岛的争端事件中,胡伯仲裁法官在国际法中首次将时际法概念引入,他宣称,西班牙的发现效力要根据 16 世纪前半叶有效的国际法规则确定。国际法院在西撒哈拉事件中,也认为争议问题要根据当时有效的法律观点回答。法国国际法学者保罗·塔韦尼埃和德国国际法学者迪特里希·克劳哲-阿部拉斯在 1970 年分别撰写了《国际公法中行为与规则在时间上的适用的研究》(时际法或过渡法的问题)和《时际国际法——国际法规范的时间上的适用范围》。1975 年 8 月,国际法研究院通过了《国际公法中的时际法问题决议》。

根据克劳哲-阿部拉斯的观点,"国际法是经常变化的。新规范生效,既存的规范失去效力。由此产生这一问题:这些时间上相互连续的规范中的哪一个是指向某一特定事实的……因此,存在着有关支配一个过去的事实的两个时间上相互连续的国际法规范之间的冲突。为了解决这一冲突,必须划定旧的和新的规范相互间在时间上的适用范围。""时际法(时际私法、时际刑法等)这一名称被用来指(解决法律在)时间上的冲突的规则,人们也借用这名称来指国际法规范在时间上的冲突:时际国际法。"[1]施瓦曾伯格认为,时际国际法

---

① Wolf-Dietrich Krause-AblaB, *Intertemporales Volkerrecht-Der zeitliche Anwendungsbereich von Volkerrchtsnormen*, Hamburg, 1970. 转引自黄远龙:"国际法上的时际法概念",载《外国法译评》2000 年第 2 期,第 75 页。

是："对于特定的案件,先后继续的不同时期所实行的各种国际法规则的适用的决定。"①法国出版的《国际法术语词典》和塔韦尼埃对时际法的解释是,"为了指示那些可以决定在时间上相互联系的复数的法律规则中,对于某一特定案件应当适用的规则的诸原则而经常使用的术语。"②日本出版的《国际关系法词典》对国际法上的时际法的解释是："由于在国际法上作为法的主体的国家具有长久的生命力,法规内容在年月的经过中变化,对于法变化以前发生的行为或事实,应当由新旧法中的哪一个支配,这种问题很多。为解决这样的法的时间上的抵触的规则叫做时际法。"③

这些国家的国际法学者对什么叫时际国际法作出了充分的说明。为了进一步探讨时际国际法在南沙群岛主权争端中的适用问题,我们还可以继续引用几个著名的国际法学者的观点。

英国国际法学者菲茨莫里斯认为："对问题的评价和对条约的解释必须依据它们存在时而不是今天的国际法规则。"对于国际法已确立的这一项原则,已经得到了普遍承认。对于领土取得而言,"国家对于在 16 世纪发现的土地的权利是根据当时理解的国际法来确定,而不是根据三个世纪以后完善了的和更明确的观点来确定。"④英国另一位曾经担任国际法院法官的著名国际法学家詹宁斯认为："一种行为的效力应以从事这种行为时的法,而不是以提出这一要求时的法来确定,

---

　　① G. Schwarzenberger,*A Manual of International Law*,5th ed. ,1967,p. 635. 转引自黄远龙："国际法上的时际法概念",载《外国法译评》2000 年第 2 期,第 75 页。

　　② J. Basdevant,*Dictionnair De La Terminologie Du Droit International*,1960,p. 237. 转引自黄远龙："国际法上的时际法概念",载《外国法译评》2000 年第 2 期,第 75 页。

　　③ [日]国际法学会编《国际关系法词典》,三省堂 1995 年版,第 379 页。转引自黄远龙："国际法上的时际法概念",载《外国法译评》2000 年第 2 期,第 75 页。

　　④ Lawrence B. Evance, *Leading Cases on International Law*, Second Edition, Chicago, Callaghan and Copany,1922,p. 283. ,p. 132。

这项原则是基本的、重要的。"①"对 16 世纪被发现地的民族权利,是以当时所理解的国际法,而不是以 300 年以后发展了的更加明确的意见来确定。"②"产生权利的行为的效力……,发现、先占等,是以产生权利时的法,而不是以提出要求时的法来确定。"③"应根据这类事实发生时的具体情况,而不是根据各国现代的法律来解释。"④

这些学者或法官的意见也得到了 1975 年国际法学会威斯巴登年会的同意,并以决议的形式加以确定。该决议明确指出:"1. 除另有表示外,任何国际法规则的现时适用范围,应根据任何事实、行为或情势必须按照与之同时的法律规则来判断这项一般法律原则予以确定。2. 在适用这项原则时,(1)任何有关单一事实的规则,应适用于该规则有效期间所发生的事实;(2)任何有关实际情势的规则,应适用于该规则有效期间内存在的情势,即使这些情势是先前产生的;(3)任何有关一项法律行为的合法性或非法性的规则,或有关其有效条件的规则应适用于该规则有效期间内所发生的行为。"⑤

安索尼·达玛托认为:"国际法中法律规则不溯及既往的原则,通常被称为时际法法理。"⑥该学者把时际法当成是法律不溯及既往这一重要法律原则的同义语。根据这种解释,对于中国在解决南沙群岛主权争端中,支持中方立场是极为有力的。

---

① ［英］詹宁斯:《国际法中领土取得问题》,1963 年版,第 28 页。

② ［美］约翰·巴塞特·莫尔:《国际法摘要》,第 IV 卷,华盛顿 1906 年版,第 259 页。

③ Kriangsak Kittichaisaree, *The Law of The Sea and Maritime Boundary Delimitation in South-East Asia*. Oxford University Press,1987,p. 141.

④ 朴椿和:《东亚与海洋法》,1979 年版,第 183 页。

⑤ 《国际法学会年鉴》(法文版),1975 年版,第 537 页。

⑥ Anthony D'amato, International Law, International Problems, R. Bernhardt, ed. *Encyclopedia of Public International Law*,vol. 9,1986,p. 192. 转引自黄远龙:"国际法上的时际法概念",载《外国法译评》2000 年第 2 期,第 83 页。

《中华法学大词典·国际法学卷》对时际法的解释是："时际法在由于时间的演变而产生的不同的法律规则中对于某一情形所应适用的当时的法律规则。"①

马丁·狄克逊认为时际法是应该适用于关键日期的法律原则。"本质上，时际法意味着的全部内容是，应当适用于某个特定的争端的法律……。"因此，如果1898年是关键日期，该争端就必须依照这一日期存在的各项国际法规则来决定……。例如，如同我们后来所看到的那样，由武力的行使来取得对领土的权利，在1945年已经成为非法的了。但是在这个日期以前是完全被接受的。所以，基于时际法的法理，1945年以前因征服而取得的权利，尽管在现行国际法下将会成为非法，现在却并没有因此而受到攻击。

狄克逊的观点非常明确，一是要确定关键日期。从他的上下文的论述全面看，这一关键日期不一定是争端解决的日期。如果是争端解决时作为关键日期，那么，解决争端适用的法律就变成了争端解决时的现行法律。既然以关键日期为准，那么，解决争端时依据的法律应该是关键日期的法律而不一定是现行法律。二是，在确定了关键日期后，以关键日期为准，取得的权利，不需要以后再不断地加以判断。如果以后继续不断地加以判断，有可能造成混乱，尤其是在国家领土取得方面，国家机能的行使不那么广泛或频繁的地区。对于这一点，我们应特别注意。因为中国对于远离大陆的南沙群岛，在行使主权时，也存在一定困难，根据狄克逊的观点，这不能影响我们在以前取得的领土主权。

"然而不幸的是，在帕尔马斯岛案件中，仲裁法官胡伯对于时际法的法理给予了一种实际上不起作用，而且在理论上似乎也不能接受的

---

① 《中华法学大词典·国际法学卷》，中国检察出版社1996年版，第516页。

解释。按照他的观点,在权利的创设与权利的存续之间应当作一个区别。因此根据他的理解,依照关键日期(例如1898年)存在的国际法规则可能有效地取得了领土权利是否存续,却必须依照现在(例如1990年)存在的国际法规则来判断。换句话说,由于国际法的变化,各国对于其各自领土的权利,必须依照这些变化来(不断地)再判断。如果这确实是胡伯法官的意思,那么这明显地是不能接受的。这样一种法理的效果肯定会助长一些虚伪的主张,并且会促成领土权利的普遍的不安定。这在那些尽管合法取得了(领土权利),但是国家机能的行使却不那么广泛或频繁的地区里,将会成为特别严重的问题。"①

二、涉及时际国际法的案例

在国际法案例中涉及时际法原则,主要是帕尔马斯岛仲裁案,其次是1909年挪威与瑞典就格里斯巴丹海上边界争端仲裁案。

帕尔马斯岛位于菲律宾与原荷兰东印度群岛之间。16世纪,西班牙人发现了该岛,1677年成为荷兰东印度一部分,1898年美国与西班牙签署《巴黎和约》,西班牙同意将该岛割让给美国,美国将和约通知荷兰,荷兰并未反对;后来,美国发现该岛悬挂荷兰国旗,便与荷兰交涉,未果,1925年1月23日,两国同意交给仲裁法院解决,由常设仲裁法院院长、瑞士法学家马克思·胡伯任独任仲裁人,1928年4月4日作出裁决,将帕尔马斯岛裁决给荷兰。不过,胡伯也承认,西班牙人在16世纪,由于"发现"而取得对该岛的权利。

---

① Matin Dixon, *Textbook on International Law*, Blackston Press Limited, Great Britain, 1990, p. 83. 转引自黄远龙:"国际法上的时际法概念",载《外国法译评》2000年第2期,第83—84页。

独任仲裁人胡伯在仲裁中详细分析了为什么西班牙不能把自己没有的权利割让给美国这一问题时,指出:双方都承认,国际法有关发现和取得无主地或只有土著居民的地区的权利的规则,在中世纪后期到19世纪末这段时期,已经发生了重大变化。双方也同意,一个法律事实必须根据当时的法律而不是根据争端发生时或需要解决时的有效法律。因此,西班牙的发现效力应根据16世纪上半叶的国际法规则去判断。① 在对时际法的适用问题上,胡伯再次分析指出:"至于在一个具体案件中,在先后继续的不同时期所实行的几个法律体系中应当适用哪一个的问题,应该在权利的创设和权利的存续之间作出区别。创设一个权利的行为应受该权利创设时有效的法律支配,依照这同一原则,该权利的存续,换句话说,该权利的继续表现,也应当遵循法律的发展所要求的条件。"②也就是说,"权利的产生"和"权利的存在"之间应作出区分,权利的产生必须适用权利产生时有效的法律,这个原则同样要求:权利的存在应遵循法律发展所要求的条件。由于19世纪世界上无主地已经不存在,因此,国际法要求对发现取得的领土,要加以实际有效的占领。发现产生初步权利,这种初步权利还需要通过有效的占领来完成。所以说,西班牙通过发现取得了对帕尔马斯岛的初始权利,但以后没有给以有效占领,也就是没有行使主权,西班牙也就无权将该岛割让给美国。最后,胡伯将帕尔马斯岛裁判给荷兰。另一位国际法学家罗奇在曼基耶群岛和埃克里荷群岛案分析专著中对胡伯的观点加以评述:"因此时际法有两个部分,第一个原则是行为必须依照与它们创设权利时同时的法律来判断;第二个是,依照与它们创设时同时的法律

---

① 《帕尔马斯岛仲裁案裁决书》第3部分。转引自陈致中编:《国际法案例》,法律出版社1998年版,第121页。

② *Award of The Island of Palmas*,AJIL,22,1928,p. 883.

有效地取得了的权利可能丧失掉它们的有效性,如果没有按照国际法的发展到来的变化刻意维持的话。"①

此外,涉及到时际国际法的案例,还有 1909 年挪威与瑞典就格里斯巴丹海上边界争端仲裁案。挪威提出在划定两国海上边界时,应适用中间线原则。但是,仲裁庭认为,两国之间在 1661 年缔结的边界条约应该适用于当时 17 世纪的有关国际法,而不是 20 世纪初现代国际法所主张的海洋边界可适用中线原则。因此,仲裁庭驳回挪威的主张,决定依据 17 世纪国际法裁定支持瑞典主张。

帕尔马斯岛仲裁案和挪威与瑞典格里斯巴丹海上边界争端仲裁案,为我们分析中国拥有南沙群岛领土主权,提供了重要借鉴。试就此具体分析如下。

三、时际法在南沙群岛主权之争中的适用

中国早在公元前后就发现了南沙群岛,在宋朝时就对南沙群岛行使行政管辖权;而越南、菲律宾、马来西亚、文莱等国只是在 20 世纪 70 年代才开始对南沙群岛提出主权要求并逐渐采取军事占领方式对南沙群岛进行侵占。

显然,对于中国"发现"、"先占"、"行使行政管辖权"只能依据汉代(公元前 206 年至公元 220 年)时期的国际法或者中国宋朝时期(公元 960 年至公元 1279 年)的国际法。这两个时期都在 18 世纪以前,而依据 18 世纪以前的国际法,只要通过单纯的发现或象征性的占领便可以获得领土主权。可见,对于南沙群岛争端,必须按照时际法原则加以判断和裁决。② 也就是只能适用于 18 世纪以前的国际法,而不能根据

---

①　A. G. Roche, *The Minquiers and Ecrehos Case*, 1959, p. 79.

②　朴椿浩:《东亚与海洋法》,1983 年版,第 220 页。

现代国际海洋法来解决其争端。即使按照国际法要求,中国对南沙群岛的权利存续也要随着国际法的发展而作出新的行政管辖或司法管辖行为,中国也满足了国际法的发展要求。因为中国自19世纪以后,尤其是20世纪40年代,对南沙群岛领土主权的行使更为完备和全面。关于中国对南沙群岛行使领土主权的具体国家行为,将在下面的有关部分论述。

越南、菲律宾、马来西亚、文莱等国在20世纪70年代以后提出对南沙群岛的主权要求,并通过军事手段加以占领。依据20世纪50年代的国际法,国家不得非法使用武力,不得以武力作为推行国家政策的工具。联合国代表大会在1970年10月24日通过的《关于各国依联合国宪章建立友好关系及合作之国际法原则之宣言》中明确规定:"各国在其国际关系上应避免为侵害任何国家领土完整或政治独立之目的或以与联合国宗旨不符之任何其他方式使用威胁或武力之原则。""国家领土不得作为违背宪章规定使用武力所造成之军事占领之对象。国家领土不得作为使用武力所造成之军事占领的对象。使用威胁或武力取得之领土不得承认为合法。"①因此,这些国家在20世纪70年代后通过武力方式侵占南沙群岛岛礁,违反了联合国宪章和联合国的有关文件以及其他国际法规则。

四、"关键日期"与南沙群岛主权争端

胡伯法官在帕尔马斯岛仲裁案中指出:"如果对领土一部分的主权发生争端,习惯的办法是审查哪一个主张主权的国家拥有所有权——割让、征服、占领等——高于其他国家所可能提出的主张。但

① 王虎华、丁成跃编:《国际公约与惯例》(国际公法卷),华东理工大学出版社1994年版,第3—4页。

是,如果这种争讼是以另一方已经实际地表现了主权的事实为依据的,它不足以确定使领土主权在某一时间有效取得所依据的所有权,而还必须表明领土主权是继续存在并对争端的裁决必须认为关键之时是存在的。"

杰拉尔德·菲茨莫里斯也认为:"关键日期的理论包括——无论被确定为关键日期的当时地位如何,现在仍然是这样的地位。无论那时各方的权利如何,现在仍然是各方的权利。如果它们之中的一方过去有了主权,它现在就仍然有,或被认为有。如果各方过去都没有,那么,现在也都没有——关键日期规则的整个问题和存在理由实际上是:在该日期,时间被认为是停止了的。其后发生的任何事情不能改变那时存在的情况。无论那时的情况如何,它在法律上被认为是仍然存在的,并且各方的权利受它的支配。"菲茨莫里斯还继续指出:这种日期"一定存在于所有诉讼争端之中,如果仅仅因为它永远不在诉讼程序开始的日期之后。"奥本海也认为:"关键日期的选择是一个实质事项而非程序事项。"①在确定了关键日期以后,在解决争端时,就应以"关键日期"为准,在此以前的证据应是法院采纳的证据,而在这以后的证据就不应被采纳。②

在国际边界争端或领土争端案例中,多次涉及到"关键日期"问题。在"东格林兰案"中,法院认为:"丹麦主权必须存在以使挪威占领无效的日期,即 1931 年 7 月 10 日",作为关键日期。在 1988 年的"塔巴仲裁案"中,仲裁庭要求确定一个"关键时期",而非关键日期;而且进一步认为,"这一关键时期之后发生的事件可以在原则上是有关的,

---

① ［英］詹宁斯、瓦茨修订:《奥本海国际法》第 1 卷第 2 分册,中国大百科全书出版社 1995 年版,第 92 页。

② R. Y. Jenings, *The Acquisition of Territory in International Law*, Manchester University Press, 1963, pp. 31-35.

不是依据情势变更,而仅是因为它们可以显示或表明对关键时期中所发生的情况的了解。"①

　　根据国际法学者的论述和国际仲裁和法院审判的实践,在对南沙群岛主权争端问题上,也应该确定一个关键日期,不然,不同时期的有关国际法的规定不一样,在解决争端时,也就不知道适用何时的法律规则,从而增加了解决争端的难度。中国台湾政治大学赵国材教授认为:"中国在南海历史性水域,其行使权利的证明可观诸 1946 年以前的事实。"中国确定的争端肇始日应以 1946 年 11 月 30 日为准。②

第三节　中国对南沙群岛享有最先发现权

一、各国权威公法学家有关"发现"的论述以及各国的实践

　　在谈到国际法的渊源时,都承认代表各国最高水平的国际公法学家的权威性著述是国际法的辅助性渊源。《国际法院规约》第 38 条第 1 款(卯)项规定:"司法判例及各国权威最高之公法学家学说,作为确定法律原则之补助资料者。"③因为,无论在国际法方面还是在国内法方面,权威公法学家的观点对某些法律原则、规则和制度的形成,往往产生重大的影响。他们的研究成果可能被采纳,并一定程度成为法律的一部分。"事实上,早期国际法学者,如格老秀斯、普芬道夫、宾刻舒

　　① 参见[英]詹宁斯、瓦茨修订:《奥本海国际法》第 1 卷第 2 分册,中国大百科全书出版社 1995 年版,第 150 页,注释 364 和 365。

　　② 赵国材:《从现行海洋法分析南沙群岛的主权争端》。

　　③ 《国际法院规约》,第 38 条,参见华东政法学院王虎华、丁成跃编:《国际公约与惯例》,华东理工大学出版社 1994 年版,第 464 页。

克、法泰尔等,对于国际法学的影响是巨大的。他们的著作在外交文件中被引证,并在法院判决中也受到重视。"①根据迪金森的统计,1789年至1820年,美国引用上述四位国际法学家的情况是,辩论文引证142次,法院引证69次,法院引语34次。② 美国的最高法院、英国的枢密院司法委员会在处理有关案件中,引用国际公法学家的学说。就连国际常设法院、国际法院在"温勃登号案"、"关于在波兰的德国移民问题的咨询意见"、"关于在亚沃齐卯问题的咨询意见"、"波属上西里西亚德国利益案"、"荷花号案"、"诺特波姆案"等案件的审理中,不少场合都引用了公法家学说。③ "学者著作是可以按照它的本身的科学价值、它的公正性以及它依据法律原则对各国实践加以严格检查的决心的程度而继续发挥着作用。"④来自东方的另一位国际法学者柳炳华也持类似的观点,"由于国际法的不断发展,任何时候都需要学说的帮助。法学家虽无创设实在法规范的权力,但对立法者及法官有很大影响。更何况国际法与国内法相比不够完善而且习惯法占据相当部分。学说的作用,国际法比国内法更为重要。"⑤因此,在探讨中国对南沙群岛享有最先发现权时,不得不涉及各国权威公法学家对"发现"对于领土取得的重要意义的论述。

如何理解"发现",一般认为,"自然界的发现或单纯的视力所及";或者是"视力所及","登陆不登陆均可"。⑥ 国际法学界对于通过"发

---

① 王铁崖:《国际法引论》,北京大学出版社 1998 年版,第 104 页。

② Nussbaum, p. 158. 转引自王铁崖:《国际法引论》,北京大学出版社 1998 年版,第 104 页。

③ 王铁崖:《国际法引论》,北京大学出版社 1998 年版,第 105 页。

④ 〔英〕詹宁斯、瓦茨修订:《奥本海国际法》第 1 卷第 1 分册,中国大百科全书出版社 1995 年版,第 25—26 页。

⑤ 〔韩〕柳炳华:《国际法》上册,中国政法大学出版社 1997 年版,第 236 页。

⑥ 奥伦特:"对太平洋岛屿的主权",载《美国国际法杂志》(1941 年),第 35 卷第 3 期,第 443 页。

现"取得领土的论述很多。瑞士的著名实在法法学家瓦泰尔(1714—1768)认为:"对于尚未为任何人占有的东西,所有的人都具有同等的权利。这些东西属于第一个实行占有的人。因此,当一个国家发现一个杳无人迹或无主的土地时,它可以合法地占有;而在它给予其在这方面的意思的充分标志后,不得为别国所剥夺。航海者携带其主权者委任,开始发现的航程,偶尔发现岛屿或其他无人居住地,以其国名义将它占有,这种权利通常受到尊重,假使不久后随之以实际占有。"①英国国际法学者、国际法院法官詹宁斯更为明确地指出:"不加占领的单纯发现在过去是可以赋予权利的","在16世纪以前,已不能再争辩最终带有先占意思的单纯发现足以产生权利。"②"现在,占有和行政管理是使占领有效的两个条件,但在以前,这两个条件并不被认为是用占领方法取得领土所必要的。虽然在大发现时代,各国也并不主张发现一块过去无人知悉的土地就等于发现者从事探险时所服务的国家已经用占领方法取得了该土地,但是占有只有象征性行为的性质。后来,真正的实行占有被认为是必要的。但是,一直到了18世纪,国际法学者才要求有效占领,而且直到19世纪,各国实践才与这种规定相符合。现在,虽然发现并不构成通过占领而取得领土,但它却不是没有重要性的。大家一致认为发现使那个为其服务而发现的国家有一种不完全的所有权;在对被发现的土地加以有效占领所需要的合理期间内,这种权利'有暂时阻止另一国加以占领的作用'。"③英国牛津大学教授奥康奈尔也指出:"在大扩

---

① Emerich de Vatel, *Law of Nations*, Le droit des gens, Washington, 1906, p. 207.

② [英]詹宁斯:《国际法上的领土取得问题》,1980年,第43页。

③ [英]詹宁斯、瓦茨修订:《奥本海国际法》第1卷第2分册,中国大百科全书出版社1998年版,第75—76页。

张时期,发现可能曾被主张为权利根据,但对其他提出要求者是有效根据。"①美国国际法学者希尔也指出:"对通常类型的占领不方便或不可能的许多小岛,曾在某些象征性占有行为的基础上提出主张,自15—16世纪早期以来,就遵照这一做法。近年来美英两国就曾最积极地以此为根据对太平洋地区提出领土要求。由于单纯的发现被认为是主张无主地的充分根据,所以从事各种可能被视为实际占领或占有的象征性行为的实践得到了发展。"②美国国际法学家辛萨雷认为:"1900年以前的时期所采取的立场与18世纪后半期及其后所持的态度显然不同。""在较早时期,各国大都承认,带有象征性占有的发现足以构成对北美洲无主地的法律权利。"③海特也充分论述到:"自15世纪以来,各国政府的官方行为和实践表明,日益倾向于承认一个新发现地方的象征性合并行为作为占有的权利。""象征性行为可以解释为向世界表明已经取得对被发现的初步权利的一种方法。对其他国家来说使被发现地成为禁取地,但还没有赋予树立标志的国家对该地的完全控制权或自由裁量权。"④

　　以上各国著名的国际法学家或国际法院法官对"发现"在领土取得中的重要意义进行了充分的论述,下面就各国在实践中,以"发现"取得领土进行阐述。

---

① 　[英]奥康奈尔:《国际法》第1卷,1970年第2版,第408页。

② 　[美]诺曼·希尔:《国际法与国际关系中的领土要求问题》,1945年版,第149页。转引自赵理海:"从国际法看我国对南海诸岛无可争辩的主权",载《北京大学学报》(哲学社会科学版)1992年第3期,第32页。

③ 　[美]辛萨雷:"取得无主地的法律权利",载美国《政治学刊》(1938年),第53卷第1期,第128页。转引自赵理海:"从国际法看我国对南海诸岛无可争辩的主权",载《北京大学学报》(哲学社会科学版)1992年第3期,第32页。

④ 　[美]海特:"国际法中的发现、象征性合并和实际有效性",载《美国国际法杂志》(1935年),第29卷,第453—454页。转引自赵理海:"从国际法看我国对南海诸岛无可争辩的主权",载《北京大学学报》(哲学社会科学版)1992年第3期,第32页。

通过"发现"获得领土,有记载的主要是 15—16 世纪西方殖民主义者在拓展海外殖民地时,广泛采纳。15 世纪末到 19 世纪末,西方国家仍然使用这种方式获取领土。比如,西班牙认为,自己的国民在 1489 年发现了北美洲的佛罗里达,1513 年又在佛罗里达海岸登陆,因此,墨西哥湾以北的美洲海岸均属于西班牙。葡萄牙也根据"发现"对巴西和特立尼达岛提出主权要求。荷兰为在美洲取得领土主权,也使用"发现"作为法律依据。① 英国更为充分地使用"发现",1496 年,英国国王向卡波茨颁发许可证,授权他去发现和以英王的名义占领当时还不为基督教徒所知的土地。两年以后的 1498 年,卡波茨带着英王的特许令,扬帆远航,发现了北美洲大陆,并沿海岸向南航行至弗吉尼亚。英国以此提出对北美洲大陆的领土主权。法国也是根据"发现"对其在美洲的大片领土主张权利。法国与英国在有关加拿大及其邻近岛屿的争端中,也主张象征性的发现占有构成对无主地的法律权利。这样,所有在美洲大陆取得了领土的国家既自己主张,又彼此承认发现者的绝对权利。② 就连美国也在帕尔马斯岛仲裁案中主张以"发现"取得对该岛屿的权利。③

在一些著名的领土争端案例中也涉及以"发现"取得主权权利。

---

① Lawrence B. Evans, *Leading Cases on International Law*, 2ᵗʰ Edition, Chicago, Callaghan and Company, 1922, p. 283.

② Zbid. , p. 284.

③ The Palmas Island Arbitration. Bishop, *International Law*, *Cases and Materials*. 帕尔马斯岛位于菲律宾与原荷兰东印度群岛之间。16 世纪,西班牙人发现了该岛,1677 年成为荷兰东印度一部分,1898 年美国与西班牙签署《巴黎和约》,西班牙同意将该岛割让给美国,美国将和约通知荷兰,荷兰并未反对。后来,美国发现该岛悬挂荷兰国旗,便与荷兰交涉,未果,1925 年 1 月 23 日,两国同意交给仲裁法院解决,由常设仲裁法院院长、瑞士法学家马克思·胡伯任独任仲裁人,1928 年 4 月 4 日作出裁决,将帕尔马斯岛裁决给荷兰。不过,胡伯也承认,西班牙人在 16 世纪,由于"发现"而取得对该岛的权利。

如帕尔马斯岛仲裁案、克里伯顿岛仲裁案。

帕尔马斯岛仲裁案中,胡伯承认了西班牙人在16世纪由于"发现"而取得了对该岛的权利。

在克里伯顿岛仲裁案中,墨西哥提出,18世纪初英国人发现了该岛,并把它作为一个避风港,后来西班牙人又发现该岛,根据当时的有效法律,该岛属于西班牙。作为该仲裁案的独任仲裁人,意大利国王埃曼努尔三世在裁决中指出:"对于一块完全不宜居住的地方,占领者从最初在那里出现时起,就一直处于绝对的和完全没有争议的地位,从这时候起,占有就应该认为已经完成,这个占领就是完全的占领。"①

二、各国权威公法学家学说和各国实践对于中国
　　 "发现"南沙群岛的意义

南沙群岛远离大陆,其中只有少数岛礁面积较大,可以居住,其他绝大多数不宜于定居,因此,南沙群岛领土取得方式应该是原始取得方式,也就是说,"发现"对于我国取得南沙群岛主权具有特别重要意义。

中国是世界上最早发现南沙群岛的国家。当今天南沙群岛争端当事国的越南、菲律宾、马来西亚、文莱等国家还处于蛮荒时代的时候,中国史书就开始记载南沙群岛,中国人也已经在南沙群岛及其附近水域航行、捕鱼、采贝、抓龟、捞虾、网螺。

中国人民和中国的历朝皇帝"发现"、开发、经营南沙群岛的记载浩繁复杂,而且这些记载数千年持续不断、不绝于书。下面就主要的记载给予简要叙述,以表明中国人民、中国的历代政府最先发现南沙群岛。

---

①　The Clipperton Island Case (France-Mexico), A. J. L. ,1932,Vol. 26. No. 2.

编成于春秋时代(公元前 770—公元前 476 年)的中国最早的诗歌总集《诗经》记载："于疆于理,至于南海"。成书于周代(公元前 1066—公元前 221 年)的另一部名著《禹贡》中有关记载,也表明中国大陆与包括南沙群岛在内的南海诸岛的密切联系。秦始皇(公元前 259—公元前 210 年)设象郡,想必也在南海活动过。在秦始皇死前的几个月,曾作过一次航海尝试,以期达到海中的三个神山,从而流传了许多故事和传说。① 这些传说和故事表明,秦始皇开辟南海诸岛的航道及其希望开发经营南沙群岛的伟大创举。

继秦朝以后,中国史书对南沙群岛的记载丰富而且具体真实。东汉(25—220 年)杨孚著《异物志》记载:"涨海崎头②,水浅而多磁石,徼外大舟,锢以铁叶,值之多拔。"③

三国(220—280 年)和两晋(265—420 年)对南沙群岛记载的史书有六种。分别是(三国、吴)万震著《南州异物志》、(三国、吴)康泰著《扶南传》和《外国杂传》、(晋)张勃著《吴录》、(晋)裴渊著《广州记》、(晋)郭璞注《尔雅》。《南州异物志》将包括南沙群岛在内的南海诸岛称之为"涨海"、"崎头";《扶南传》将南沙群岛、西沙群岛称之为"珊瑚

---

① 韩振华:"从近代以前中国古籍记载上看南海诸岛历来就是中国的领土",参见韩振华著《南海诸岛史地研究》第 52 页,社会科学文献出版社,1996 年版。传说中说,在涨海(包括南海诸岛)上,有一石塘或石桥,石皆赤红,那是因为秦始皇要到海上看日出,神人为他架桥"驱石下海,石去不速,神辄鞭之,皆流血,至今,石悉赤"。唐朝诗人张乔诗曰:"天涯离二纪,阙下历三朝。涨海虽然阔,归帆不觉遥。惊波时失侣,举火夜相招。来往寻遗事,秦皇有断桥。"

② 根据韩振华先生的解释,"涨海",古代中国对南海,其中包括南沙群岛在内的四沙群岛及其海域的称呼。"崎头",古代中国对南海中的礁石、浅滩的称呼。"涨海崎头"泛指包括南沙群岛在内的南海诸岛的礁滩。

③ (东汉)杨孚《异物志》,载于(明)唐胄《正德琼台志》,卷九,土产下,药之属,第 14 页。1964 年上海古籍书店据宁波天一阁藏明正德残本影印。转引自韩振华主编:《我国南海诸岛史料汇编》,东方出版社 1988 年版,第 23 页。

洲";《外国杂传》、《吴录》、《尔雅》注均将南海诸岛称之为"涨海";《广
州记》将其称之为"珊瑚洲"。①

　　特别值得注意的是,康泰本人作为三国时期吴国的中郎将亲自到
过扶南(今柬埔寨),来往必经南沙群岛,因而,他的记载真实生动,请
看:"涨海中,到珊瑚洲,洲底有磐石,珊瑚生其上也。""按南海大海之
别有涨海。"作为吴国的中郎将,出使柬埔寨,显然是以吴国政府代表的
身份出现,其所作所为在"发现"南沙群岛的价值上,已经超过了民间人
士所为。如果认为菲律宾所提克洛马在 20 世纪中后期"发现"南沙群
岛,简直无法与中国相比拟。三国的吴存续的时间是公元 222—280 年,
比克洛马所谓"发现"南沙群岛整整早了 1700 年。

　　根据史料记载,两晋时期,民间与南方的交流越来越密切。到印度
取经的僧侣法显已经知道经过南海走水路,从"耶婆提"(现在的爪哇
岛或斯马托拉岛)出发,往广州返回的途中,法显乘坐的船的船头迷失
了方向,但具体地点在哪儿,现在也还不清楚。

　　中国南北朝时期(420—581 年)记载包括了南沙群岛在内的南海
诸岛的资料有沈怀远著《南越志》、谢灵运著《武帝诔》、鲍照《芜城
赋》。这些记载描述了中国人往来南沙群岛以及南朝的宋国海军在该
海域巡航的事实。

　　中国隋唐(581—907 年)史书记载南海诸岛及其海域的有四种,如
《隋书》、《通典》、《新唐书》、《天下郡国利病书》,等等。

　　隋朝大业三年,隋炀帝派遣常骏、王君正等人前往"赤土国"要求
朝贡的记载,被收集在魏征、长孙无忌等人合编的《隋书》里。这个"赤
土国"在现在的什么位置是众说纷纭,在《我国南海诸岛史料汇编》里,
认为应该是马来半岛西岸的地方。

---

　　① 参见韩振华主编:《我国南海诸岛史料汇编》,东方出版社 1988 年版,第 25—27 页。

在唐代的记载中有一部德宗皇帝的宰相贾耽编写的《广州通海夷道》。通过向外国使节和派往外国的使节询问所在国的地理、民情、风俗、物产等信息,编写成《皇华四达记》10 卷,这就像中国与四方各国的交通地理志一样。《皇华四达记》在明初似乎遗失了,但在宋代欧阳修等人撰写的《新唐书》里有这个抄录。该书记录了在唐代,从当地到四方各国的七条路线,也有关于《广州通海夷道》的记载,《新唐书》里有这么一段:"广州东南海行二百里、至屯门山、乃帆风西行二日、至九州石、又南二日、至象石。又西南三日行、至占不劳山,山在环王国东二百里海中。"①

这条广州通海夷道是记录从广州出发,走水路经马六甲海峡入印度洋、再从印度洋往波斯湾进入底格里斯河、幼发拉底河,抵达巴格达的整个通道,沿途的邦国、都邑以及往近临地域的方向、距离等。

自宋代(960—1279 年),经元朝(1279—1368 年)到明(1368—1644 年)清(1644—1911 年),中国史书对南沙群岛的记载更是不胜枚举。宋代用"万里石塘"称呼南沙群岛。史书有这样的记载:"至吉阳,乃海之极,亡复陆涂。外有洲,曰:乌里;曰:苏吉浪。南对占城,西望真腊,东则千里长沙,万里石塘。渺茫无际,天水一色,舟舶来往,惟以指南针为则,昼夜守视为谨,毫厘无差,生死系焉。"②此外,根据韩振华先生的搜录,仅在宋代记载南沙群岛及其他岛屿的史书有 14 种,如王象之的《舆地纪胜》引宋《琼管志》、蔡微的《琼海方舆志》、唐胄《琼台志》、《广州通志》、《琼州府志》、《广东通志》、《万州志》、《古今图书集成》、《岭外代答》、《方舆胜览》、《宋史》、《宋会要》、《梦粱录》等有"千

---

① 贾耽:《广州通海夷道》,见(宋)欧阳修撰:《新唐书》,卷四十三,下,地理志,第110 页,开明书店出版。参见韩振华主编:《我国南海诸岛史料汇编》,东方出版社 1988 年版,第 30 页。

② (宋)赵汝适:《诸藩志》,卷下,志物,附载海南条,函海本。

里长沙"、"万里石塘"。① 千里长沙是指西沙群岛,万里石塘指南沙群岛。即使以宋代为准,中国发现南沙群岛的时间,也要比菲律宾早700多年。

中国元明清三朝对南沙群岛的记载更是不绝于书,如元代汪大渊的《岛夷志略》、《元史》、《新元史》、《真腊风土记》,明代的《郑和航海图》、《琼台外纪》、《海语》、《正德琼台志》、《广州通志》、《海国广记》、《星槎胜览》、《守溪长语》、《震泽纪闻》、《殊域周咨录》、《顺风相送》、《海槎余录》、《东西洋考》、《古今图书编》、《咸宾录》、《观海赋》、《泉州府志》、《同安县志》,清代的《粤海关志》、《各国通商始末记》、《海道针经》、《海国闻见录》、《厦门志》、《皇朝文献通考》、《皇朝通典》、《瀛环志略》,等等。即使以中国元代、明代、清代时间算,中国比菲律宾所谓"发现"南沙群岛要早数百年至近百年。

由于从宋代开始,中国中央政府对南沙群岛进行有效的管辖,因此,下面我将着重从中国对南沙群岛行使管辖权角度进行分析论述。

根据前面我提及的各国权威公法学家关于"发现"的学说和欧美国家在"发现"问题上的实践,结合我国如此众多的史料记载分析,我们可以得出如下结论:

第一,在15—16世纪,有的权威公法学家或争端案例中甚至晚到18世纪,国际法承认单纯的发现即可获得对无主地的完整权利,而我国对南沙群岛的发现在公元前后的汉朝(公元前206—公元220年),这比西方国家通过"发现"获得无主地早1800年至2000年,中国对南沙群岛如此久远的发现历史,越南、菲律宾乃至与南沙群岛不相干的美国等国家,对中国希望对南沙群岛行使领土主权权利,横加指责和干涉,菲律宾、越南对中国在南沙群岛水域捕鱼的渔民任意抓获,这些事实表明,它们要

---

① 韩振华:《我国南海诸岛史料汇编》,东方出版社1988年版,第33—44页。

么是不懂得中国历史,对中国的权利加以忽视,要么是别有用心。

第二,南沙群岛远离中国大陆,而且只有极少数岛礁可以居住,因此,对待这类岛屿只需要单纯发现或象征性的行为,即可取得对该群岛的领土主权。象征性行为可以是多种多样的,中国人给南沙群岛命名(将南沙群岛命名为"涨海崎头",将南海称之为"涨海")、中国人在南沙群岛捕鱼、中国海军到南沙群岛巡航,等等,这些都属于象征性行为。

第三,发现岛屿时,"登陆不登陆均可",只要"视力所及",在宋代前,中国人民、中国政府的官员,不仅对南沙群岛做到了"视力所及",而且实现"登陆",因为中国人在礁石上以网捕鱼,和派军巡视。

第四,中国在宋朝以前(公元960年以前,甚至更早)对南沙群岛获得的初步权利即"发现权",为中国建立了一种不完全的所有权,从而有效地阻止了越南、菲律宾、马来西亚甚至其他非南沙群岛周边国家取得对南沙群岛的领土主权,这时的南沙群岛对于中国以外的国家来说已经是"禁取地"。而且,中国在随后的"合理时期内"对南沙群岛行使了有效的行政管辖权,从而满足了"先占"的条件。

第五,既然权威公法学家学说在国际法中是确定法律原则的辅助资料,对国际法的原则、规则和制度的形成有重要意义,那么,英、美、法等世界著名的国际法学家关于"发现"的论述,不容否认可以成为中国解决南沙群岛争端的重要法律依据;再佐之以中国对南沙群岛拥有"发现权"的充分证据,南沙群岛非我莫属。

第四节　中国对南沙群岛享有先占权

一、国际法上关于"先占"、"有效占领"的规定

先占是一个国家有意识地取得当时不在其他国家主权之下的土地

的主权的一种占取行为。先占的主体必须是国家,并以国家的名义进行占领。先占的客体只限于"无主土地",即不属于任何国家的土地。这种无主地包括完全无人居住地和荒岛;或虽有土著居民居住,但尚未形成国家的土地以及曾属于一国后来又被放弃的土地。

先占需要具备主观和客观两个条件:主观上要有占领的意思表示,如以国家名义发表宣言、声明,或者通过国内立法、行政措施等方式,表示对这块无主土地有永久控制的意思,或者将该无主地划入自己的版图;客观上要实行有效的占领,即国家通过立法、司法、行政措施实行有效的占领或控制,如悬挂国旗、建立行政机构、竖立主权碑、建立居民点等,先占一旦完成,则被占领的土地成为占有国领土的一部分。

关于"有效占有",常设国际法院对东格陵兰领土争端的判决中指出:"一项主权主张,如果不是基于某种特别的行为或权利(诸如割让条约),而是单纯基于权威的持续行使,则须表明存在以下两项因素:以主权者行事的意思和愿望,此种权威的某些实际行使或表示。"①亨金在这里表明,要满足先占原则,需要以有效占领为依据。对于怎样才是"有效占领",从国际法学家的论述和仲裁裁决、常设国际法院判决中,下列行为均可认为是构成"有效占领":"行政管理行为",②"立法行为"如颁布法令,③"司法行为"如征税,设海关检查站、验尸等。④

---

① Louis Henkin, *International Law, Cases and Materials*, West Publishing Co., 1980, pp. 263-264.

② [英]詹宁斯、瓦茨修订:《奥本海国际法》第1卷第2分册,中国大百科全书出版社1998年版,第75页。

③ Legal Status of Eastern Green Land (Denmark-Norway), Georg Schwarzenberger, *International Law*, Vol. 1, Stevens & Sons, Limited 119 & 120 Chanery Lane, Law Publishers, 1945, Appendix4, p. 534.

④ 刘家琛主编,陈致中编著:《国际法案例》,法律出版社1998年版,第133—136页。

"登陆外加在报纸上发表主权声明",①"宣告正式占有或升旗"。②

　　根据国际法关于"先占"、"有效占领"的规定,中国既满足了"先占"的主观条件,也达到了"先占"原则对占有者的客观要求。以下分别加以论述。

二、主权宣示

　　主权宣示的方式多种多样,既可以是中国政府发表的声明、公告,也可以是通过树立主权碑、海军巡视等具体行政行为来表现。

　　三国时期吴国的康泰作为中郎将在公元225—230年间,与宣化从事朱应奉命到南沙群岛水域巡游,③本身就是一种主权宣示。从此以后,中国的南北朝、两晋、隋、唐均有中国政府官员、军队到南沙群岛水域巡游或出入南沙群岛。

　　自宋代开始,经元、明、清、民国都将南沙群岛纳入"琼管"范围,④明清地图把南沙群岛纳入中国版图,⑤纳入行政管辖范围,其意义已经不只是一种主权宣示。

　　民国时期,中央政府成立水陆地图审查委员会,对南沙群岛的地名及其位置进行确定并加以公布、派出海军对南沙群岛实施管辖、中国政府抗议法国侵占我九小岛、中国政府在南沙群岛进行调查,等等,这些

---

　　①　在克里伯顿岛仲裁案中,仲裁人认为,"地理观测,若干船员历尽艰辛后的登陆,外加刊登在《波利涅西亚》报纸上发表的主权声明,这些足以为法国的权利主张提供支持。"参见 D. W. Greig, *International Law*, Second Edition, Butterworths, London, 1976, p. 162.

　　②　Mahesh Prasad Tandon and Rajesh Tandon, *Public International Law*, 14th Edition, Allahabad Law Agency, Law Publishers, 1974, p. 199.

　　③　韩振华主编:《我国南海诸岛史料汇编》,东方出版社1988年版,第25—26页。

　　④　(宋)赵汝适:《诸藩志》,卷下,志物,附载海南条,函海本。

　　⑤　将南沙群岛纳入清政府行政管辖之下的地图,数量、种类很多,如1800年的《清绘府州县厅总图》、1838年的《洋防辑要》,等等。

都是中国政府的主权宣示。1946 年 12 月,民国政府海军从日本侵略者手中接收南沙群岛后,在南沙群岛中的太平岛等岛屿上树立石碑,以向外界宣示对南沙群岛的主权;1947 年,民国政府公布"南海诸岛位置图",划上"断续国界线",以作为"中外之界",并出版包括南沙群岛在内的大量中国地图。这些更是一种现代国际法意义上的主权宣示。

中华人民共和国成立后,中国政府多次发表对南沙群岛的主权声明,并通过立法、司法以及其他行政措施向外宣示中国对南沙群岛的主权。

中华人民共和国成立后,即通过行政手段,将南沙群岛列入中国版图,并出版相应的地图。

1950 年 5 月,中国政府发表声明:"中华人民共和国绝对不容许团沙群岛及南海中其他任何属于中国的岛屿被外国侵占。"①

针对美英对日和约草案,中华人民共和国政府总理周恩来于 1951 年 8 月 15 日宣布南海诸岛归广东省行政管辖,并于当日发表声明称:美英两国对日和约草案是美国及其卫星国单独对日媾和的产物。在针对领土问题,周恩来则有以下论述:1951 年 7 月 12 日美利坚合众国与联合王国在华盛顿和伦敦同时公布了对日和平条约草案,并准备于 7 月 20 日在旧金山召开对日和平条约的签字和会。② 对此中华人民共

---

① 《人民日报》1950 年 5 月 20 日第 1 版。
② 《对日和平条约》(通称旧金山和约或旧金山和平条约),是大部分同盟国与轴心国成员之一的日本所签订的和平条约。1951 年 9 月 8 日,包括日本在内的 48 个国家的代表在美国旧金山的旧金山战争纪念歌剧院签订了这份和约,并于 1952 年 4 月 28 日(日本时间晚上十点三十分)正式生效;这份和约的起草人为当时的美国国务卿顾问杜勒斯。该和约主要是为了解决第二次世界大战后战败国日本的战后地位问题与厘清战争责任所衍生的国际法律问题,和约的第二条声明日本承认朝鲜独立、放弃台湾、澎湖、千岛群岛、库页岛南部、南沙群岛、西沙群岛等岛屿的权利。于第三条中,日本同意美国对于琉球群岛等诸岛实施联合国信托管理。

和国政府授权我发表声明。

在有关领土条款方面,美英和约草案完全符合美国政府扩大占领和侵略的意图的。草案一方面保证美国政府除保有对于前由国际联盟委任日本统治的太平洋岛屿的托管权力外,并获得琉球群岛、小笠原群岛、琉磺列岛、西之岛、冲之鸟礁、南鸟岛等的托管权力,而这些岛屿在过去任何国际协定中均未曾被规定脱离日本的。①

宣言在另一方面打破了开罗宣言、雅尔塔协定、波茨坦宣言的承诺,只是规定日本放弃对台湾、澎湖列岛及千岛群岛、库页岛南部地区以及附近所有岛屿的权利,并未触及将台湾、澎湖诸岛交还中华人民共和国,将千岛列岛、南库页及附近一切岛屿交还苏联的内容。起草者的用心在于保持美国对有关地域的占领及制造与苏联之间的紧张关系,在于美国企图将对台湾的占领长期化,但是中国人民决不接受这样的占领,中国人民决不放弃解放台湾、澎湖诸岛的神圣职责。在此草案中,故意规定日本放弃对南威岛及西沙群岛的权力,却不提及主权返还

---

① 中华人民共和国中央人民政府认为,美英两国政府所提出的对日和约草案是一件破坏国际协定、基本上不能被接受的草案,而将于九月四日由美国政府强制召开、公然将中华人民共和国排斥在外的旧金山会议也是一个背弃国际义务基本上不能承认的会议。中华人民共和国中央人民政府这一论断,是从美英对日和约草案的基本内容上得到无可辩驳的根据的。其中第二点认为,美英对日和约草案在领土条款上是完全适合美国政府扩张占领和侵略的要求的。草案一方面保证美国政府除保有对于前由国际联盟委任日本统治的太平洋岛屿的托管权力外,并获得对于琉球群岛、小笠原群岛、硫黄列岛、西之岛、冲之鸟礁及南鸟岛等的托管权力,实际上就是保持继续占领这些岛屿的权力,而这些岛屿在过去任何国际协定中均未曾被规定脱离日本的。草案另一方面却打破了开罗宣言、雅尔塔协定和波茨坦公告中的协议,只规定日本放弃对于台湾和澎湖列岛及对于千岛群岛和库页岛南部及其附近一切岛屿的一切权利,而关于将台湾和澎湖列岛归还给中华人民共和国及将千岛群岛和库页岛南部及其附近一切岛屿交予和交还给苏联的协议却一字不提。后者的目的是企图造成对苏联的紧张关系以掩盖美国的扩张占领。前者的目的是为了使美国政府侵占中国的领土台湾得以长期化,但中国人民却绝对不能容许这种侵占,并在任何时候都不放弃解放台湾和澎湖列岛的神圣责任的。

的问题,事实上,西沙群岛、南威岛与南沙群岛、中沙群岛、东沙群岛一样,自古以来一直是中国领土,由于日本发动了侵略战争而暂时被占领,日本投降以后,当时的中国政府已经进行了接收。中华人民共和国在此作出以下声明:中华人民共和国中央人民政府对南威岛和西沙群岛拥有不可侵犯的主权,不论美英对日和约草案中有无规定以及如何规定,都不能影响中国行使主权。①

1956年5月29日,中国政府又发表声明,维护我南沙群岛主权。②

1958年中国政府发表《关于领海的声明》,其中第一条规定:"中华人民共和国的领海宽度为12海里。这项规定适用于中华人民共和国的一切领土,包括中国大陆及其沿海岛屿,和同大陆及其沿海岛屿隔有公海的台湾及其周围各岛、澎湖列岛、东沙群岛、西沙群岛、中沙群岛、南沙群岛以及其他属于中国的岛屿。"对于直线基线、外国飞机和军用船舶的通行问题,第四条规定"同样适用于台湾及其周围各岛、澎湖列岛、东沙群岛、西沙群岛、中沙群岛、南沙群岛以及其他属于中国的岛屿"。③

1971年7月16日,中国人民解放军总参谋长发表声明:"南沙群岛和西沙群岛向来是中国领土。中华人民共和国对这些岛屿具有无可争辩的合法主权,决不允许任何国家以任何借口和采取任何方式加以侵犯。"④

中华人民共和国政府外交部在1974年1月11日发表声明:"南沙群岛、西沙群岛、中沙群岛、东沙群岛,都是中国领土的一部分,中华人

① 《中华人民共和国对外关系文件集》,世界知识出版社1958年,第2集,第30—32页。
② 同上书,第4集,第61—62页。
③ 《中华人民共和国政府关于领海的声明》(1958年),参见国家海洋局政策法规办公室编:《中华人民共和国海洋法规选编》(修订版),海洋出版社1998年版,第1页。
④ 《人民日报》1971年7月17日第2版。

民共和国对这些岛屿具有无可争辩的主权。这些岛屿附近海域的资源也属于中国所有。"①

1974年1月20日,中华人民共和国外交部发表声明:"众所周知,西沙群岛和南沙群岛、中沙群岛、东沙群岛历来就是中国领土,这是无可置辩的事实。""第二次世界大战结束后,西沙群岛同其他南海诸岛一样,已为当时的中国政府正式接收。"②

1974年2月4日,针对南越西贡当局在我国南沙群岛中的南子岛上竖立所谓"主权碑"提出强烈谴责和抗议:"中国政府已多次声明,南沙群岛、西沙群岛、中沙群岛和东沙群岛,都是中国领土的一部分,中华人民共和国对这些岛屿及其附近海域具有无可争辩的主权。中华人民共和国决不容许西贡当局以任何借口侵犯中国领土主权。中国政府的这一立场是坚定不移的。"③

1974年3月30日,中华人民共和国在科伦坡举行的联合国亚洲及远东经济委员会第三十届会议上,发表声明指出:"南海的西沙群岛和南沙群岛向来是中国领土不可分割的一部分。中华人民共和国对这些岛屿及其附近海域具有不可争辩的主权。"④

1974年5月6日,中国政府代表就"国际制图合作"问题发言指出:"南沙群岛和西沙群岛、东沙群岛、中沙群岛一样,向来是中国的领土。中华人民共和国对这些岛屿及其附近海域具有无可争辩的主权。中国代表团要求有关当局采取措施,停止所谓'南中国海海道测量委员会'上述海道测量计划,并注意保证今后不再出现类似情况。"⑤

① 《人民日报》1974年1月12日第1版。
② 《人民日报》1974年1月21日。
③ 《人民日报》1974年2月5日。
④ 《人民日报》1974年4月1日第5版。
⑤ 《人民日报》1974年5月8日第6版。

中华人民共和国出席联合国海洋法会议时发言指出:"中华人民共和国政府曾经不止一次地严正声明,南海的西沙群岛和南沙群岛向来是中国领土不可分割的一部分。中国政府和人民决不容许西贡当局以任何借口侵犯中国的领土主权。"①

1976年6月14日,针对菲律宾宣称它与外国石油公司合作开采我南沙群岛的礼乐滩地区的石油发表声明:"南沙群岛,正如西沙群岛、中沙群岛和东沙群岛一样,历来就是中国领土的一部分。中华人民共和国政府曾多次声明,中国对这些岛屿及其附近海域拥有无可争辩的主权,这些地区的资源属于中国所有。任何外国派兵侵占南沙群岛的岛屿或在南沙群岛地区勘探、开采石油和其他资源,都是对中国领土主权的侵犯,都是不允许的。任何外国对南沙群岛的岛屿提出主权要求,都是非法的、无效的。"②

中国政府副总理李先念同越南总理范文同谈话备忘录指出,中国对南沙群岛的领土主权是无可争辩的,越南政府在1974年以前也一直承认。③

1978年12月29日,中华人民共和国外交部发言人就南沙群岛主权问题发表声明:"南沙群岛,正如西沙群岛、中沙群岛和东沙群岛一样,历来就是中国领土的一部分。中华人民共和国政府曾多次声明,中国对这些岛屿及其附近海域拥有无可争辩的主权,这些地区的资源属于中国所有。任何外国侵占南沙群岛以及在这些地区进行开发或其他活动,都是对中国领土主权的侵犯,都是不能允许的。任何外国对南沙群岛的岛屿提出主权要求,都是非法的、无效的。"④

---

① 《人民日报》1974年7月3日。

② 《人民日报》1976年6月15日。

③ 《人民日报》1979年3月23日,转引自吴士存主编:《南海问题文献汇编》,海南出版社2001年版,第76页。

④ 《人民日报》1978年12月29日。

1979 年 4 月 26 日,中国政府代表在中越两国谈判中指出:"西沙群岛和南沙群岛历来是中国领土不可分割的一部分。越南方面应当回到承认这一事实上的原来立场,尊重中国对这两个群岛的主权,并从所占据的南沙群岛岛屿上撤走一切人员。"①代表团团长就处理中越关系提出的八项原则中的第五项也同样指出了这一点。

1979 年 5 月 13 日,中国政府代表团团长在"阐明中越边界领土争议问题真相"的发言中指出:"西沙群岛和南沙群岛自古以来就是中国领土。对此,无论是在越南民主共和国的照会、声明等正式文件中,还是在越南报刊、教科书和官方出版的地图中,以及在一些负责人的谈话中都曾多次郑重表示予以承认和尊重。"发言人还列举了越南承认中国对南沙群岛享有领土主权的文件、信函、讲话等。从而指出:"所有这些,都是铁一般的事实,是任何人也抵赖不了的。"②

1979 年 9 月 26 日,中华人民共和国外交部重申:"南沙群岛,正如西沙群岛、中沙群岛和东沙群岛一样,历来就是中国领土的一部分。中华人民共和国政府曾多次声明,中国对这些岛屿及其附近海域拥有无可争辩的主权,这些地区的资源属于中国所有。任何外国侵占南沙群岛的行为以及在这些地区进行开发或其他活动,都是对中国领土主权的侵犯,都是不能允许的。任何外国对南沙群岛的岛屿提出主权要求,都是非法的、无效的。"③

1980 年 1 月 30 日,中国外交部发表题为"中国对西沙群岛和南沙群岛的主权无可争辩"④文件,有力驳斥了越南的无耻谎言和出尔反尔的立场。

----

① 《人民日报》1979 年 4 月 27 日。
② 《人民日报》1979 年 5 月 13 日。
③ 《人民日报》1979 年 9 月 27 日。
④ 《人民日报》1980 年 1 月 31 日。

1980年7月21日,中国外交部针对越南与苏联签署所谓在"越南南方大陆架"合作勘探、开采石油、天然气协定指出:南沙群岛和其他三个南海群岛"历来就是中国领土的一部分,中华人民共和国对这些岛屿及其附近海域享有无可争辩的主权。上述区域内的资源理所当然地属于中国所有。任何国家未经中国许可进入上述区域从事勘探、开采和其他活动都是非法的,任何国家与国家之间为在上述区域内进行勘探、开采等活动而签订的协定和合同都是无效的。"①

1982年11月28日,中国外交部发言人发表声明:"越南政府宣称的所谓北部湾边界线是非法的、无效的,并再次重申,西沙群岛和南沙群岛是中国神圣领土不可分割的一部分。"②

1983年9月14日,我国外交部发言人指出:中国对南沙群岛及其附近海域拥有无可争辩的主权,这些地区的资源属于中国所有。中国对南沙群岛的主权决不允许任何国家以任何方式和借口加以侵犯。任何外国占据南沙群岛的岛屿以及在这些地区进行开发或其他活动都是非法的,不能允许的。③

1987年4月15日,中华人民共和国强烈谴责越南当局非法侵占中国南沙群岛部分岛屿。发言人指出,南海的西沙群岛和南沙群岛向来是中国领土不可分割的一部分。中华人民共和国对这些岛屿及其附近海域具有无可争辩的主权,决不容许任何外国以任何方式和借口加以侵犯。并坚决要求越南从其所非法侵占的南沙群岛各岛屿上撤出去。而且,特别指出:"中国政府保留在适当的时候收复这些岛屿的权利。"④同年6月17日,中国外交部发言人指出:"南沙群岛、西沙群岛

---

① 《人民日报》1980年7月22日。
② 《人民日报》1982年11月29日。
③ 《人民日报》1983年9月15日。
④ 《人民日报》1987年4月16日。

历来是中国的神圣领土,中国对这些岛屿及其附近海域拥有无可争辩的主权,中国政府的这一严正立场是举世周知的。""越南当局非法侵占了中国南沙群岛的一些岛屿,越南方面应该从这些岛屿撤出去,根本无权指责中国对自己的海岛和海域行使合法权利。"①12 月 2 日,中国外交部发言人再次发表谈话指出:"中国对南沙群岛及其附近海域拥有无可争辩的主权。任何国家企图以侵占、立法、划界等手段把南沙群岛据为己有,都是非法的、无效的。"②

　　在 1988 年,中国先后 9 次发表声明,指出南沙群岛是中国固有领土。"中国方面派舰船到南沙群岛的一些岛屿及其附近海域进行考察作业和正常巡逻纯属主权范围内的事情,越南当局无权干涉,需要指出的是,正是越南当局非法侵占了中国南沙群岛的一些岛礁。越南方面必须从这些岛礁上撤出去。如果越南方面无视中国政府的一贯立场,阻挠我在上述地区的合法行动,它必须对由此引起的一切后果承担全部责任。"3 月 14 日,中国外交部针对越南武装船只袭击我考察作业和巡逻的船只,给越南驻华使馆提出强烈抗议:"越南当局必须立即停止在南沙群岛海域对中国的武装挑衅,从侵占的中国岛礁及其附近海域撤走,否则,它必须对由此引起的一切后果承担全部责任。"3 月 16 日,我外交部发言人针对越南武装船只对中国考察船舶开火,打伤中方人员,中国方面被迫还击一事,指出:南沙群岛是中国领土一部分,中国的考察活动完全是自己主权范围内的事情。中国被迫还击完全是由越南方面蓄意挑起的。4 月 5 日,我外交部发言人发表谈话,正告越南,必须立即停止以任何方式侵占中国南沙群岛岛礁的活动。越南方面以营救为名,继续抢占我鬼喊礁、琼礁、大现、六门、无乜、南华、东礁、船兰、

---

①　《人民日报》1987 年 6 月 18 日。

②　《人民日报》1987 年 12 月 28 日。

奈罗等岛礁；越南以营救为名采取的上述行动，严重违反了 1949 年日内瓦公约关于营救船不得用于军事目的的规定，是对国际法的公然践踏。越南必须停止以任何方式侵占中国南沙群岛，必须从所侵占的领土上撤走，否则，必须承担由此引起的一切后果。4 月 6 日，中国外交部副部长发表谈话，指出越南曾经多次承认中国对南沙群岛的领土主权，结果一夜之间就全变了，这是越南为了实现其扩张野心而进行的扩张。4 月 20 日，外交部发言人指出，越南应当回到 1975 年以前的正确立场上去，停止侵占我南沙群岛，从非法侵占的中国岛礁上撤走。5 月 11 日，中国外交部发言人发表谈话指出，越南已经非法侵占中国南沙群岛 20 多个岛礁。只要越南停止挑衅、停止抢占中国南沙群岛岛礁，并从它侵占的中国岛礁上撤走，冲突就能避免。5 月 12 日，中国政府在《关于西沙群岛、南沙群岛问题的备忘录》中，详细回顾了越南承认中国对南沙群岛拥有领土主权的历史事实，列举了中国政府对南沙群岛行使管辖权和中国人民在南沙群岛从事生产活动的事实，要求越南停止侵占中国的领土，停止制造紧张局势的活动，赶快从非法侵占的中国南沙群岛上撤走，以恢复本地区和平。11 月 24 日，中国外交部发言人再次指出，中国对南沙群岛及其附近海域拥有无可争辩的主权。[1]

1989 年 9 月 28 日，鉴于越南又非法侵占中国南沙群岛的蓬勃堡礁、万安滩、广雅滩，中国外交部发言人指出，"这是对中国领土的公然侵犯。"中国政府强烈谴责越南当局非法侵占中国南沙群岛的部分岛礁，坚决要求越南从其非法侵占的南沙群岛各岛礁上撤出去。[2]

---

① 《人民日报》1988 年 2 月 23 日、3 月 15 日、3 月 17 日、4 月 6 日、4 月 7 日、4 月 21 日、5 月 12 日、5 月 13 日、11 月 24 日。

② 《人民日报》1989 年 9 月 28 日。

　　1990 年 12 月 13 日、15 日,中国总理李鹏分别在吉隆坡、马尼拉发表谈话,指出:"南沙群岛是中国的领土,这是无可争辩的事实。"①

　　1991 年 9 月 14 日,中国外交部发言人再次重申,中国对南沙群岛及其附近水域拥有无可争辩的主权。

　　1992 年 2 月 25 日,中华人民共和国第七届全国人民代表大会常务委员会通过的《中华人民共和国领海及毗连区法》第 2 条规定:"中华人民共和国的陆地领土包括中华人民共和国大陆及其沿海岛屿、台湾及其包括钓鱼岛在内的附属各岛、澎湖列岛、东沙群岛、西沙群岛、中沙群岛、南沙群岛以及其他一切属于中华人民共和国的岛屿。"②从而再次以立法的形式固定我国对南沙群岛的领土主权。

　　1992 年 7 月 16 日,中国外交部发言人发表谈话指出:"南沙群岛自古以来就是中国的领土。"③

　　1994 年 6 月 16 日和 7 月 7 日,中国外交部发言人分别指出:"中国对西沙群岛、南沙群岛及其附近的海域有无可争辩的主权,中国政府完全不能接受越方的上述主权要求。"

　　1995 年 1 月 21 日、4 月 20 日、5 月 16 日、11 月 10 日,我外交部发言人多次指出:"中国政府对南沙群岛及其附近海域拥有无可争辩的主权,任何外国在南沙海域进行勘探、开发、考察等活动均需事先得到中国政府的批准。"

　　除中国中央政府多次进行主权宣示外,中国台湾地方政府也采取措施,维护我国南沙群岛主权。"台湾当局"的主权宣示活动可以分为对越南、菲律宾、马来西亚的侵略行为提出抗议和交涉。

---

　　①　《人民日报》1990 年 12 月 14 日、16 日。
　　②　国家海洋局政策法规办公室编:《中华人民共和国海洋法规选编》(修订版),海洋出版社 1998 年版,第 4 页。
　　③　《人民日报》1992 年 7 月 17 日。

对菲律宾方面,1973 年,"台湾当局"为维护我国在南沙群岛主权,多次与菲律宾交涉。1974 年 2 月 11 日,台湾驻菲律宾代表照会菲律宾政府,重申中国对南沙群岛拥有主权。1978 年 3 月 9 日,"台湾当局"强烈反对菲律宾在南沙群岛驻军,并重申中国对南沙群岛的主权"不因任何方面采取措施而受到影响"。

对越南方面,1975 年 2 月 14 日,"台湾当局"发表声明,驳斥越南发表的所谓关于南沙群岛、西沙群岛白皮书,维护中国对南沙群岛主权,这种主权是"不容置疑和不可侵犯"。1977 年 5 月 27 日,"台湾当局"反对越南对我南沙海域的侵犯,重申中国对南沙群岛主权不容置疑。1982 年 11 月 26 日,"台湾当局"反对越南将南沙群岛包括在其水域。1983 年 5 月 30 日,强烈抗议越南在南沙群岛的安波沙洲驻军,声明中国对南沙群岛拥有不可争议的主权。

对马来西亚方面,1980 年 4 月 25 日,"台湾当局"就马来西亚将南沙群岛中的两个岛屿划入其出版的地图一事,严正声明,中国对南沙群岛拥有唯一的主权,"此一立场绝非任何方面之片面行动或措施所能改变。"

1998 年 1 月 21 日,"台湾当局"颁布《领海及邻接区法》和《专属经济海域及大陆礁层法》,以维护中国在南沙群岛之主权。

2004 年 4 月 16 日中国外交部发言人指出,中国对南沙群岛及其附近海域拥有无可争辩的主权,越南的做法侵犯了中国的领土主权。

2007 年 4 月 10 日中国外交部发言人重申了中国对南沙群岛及其附近海域的主权。他指出,"任何其他国家单方面对该海域采取的行动都是对中国领土主权、主权权利和管辖权的侵犯,都是非法和无效的。"

2009 年 2 月 3 日外交部发言人说,中国对黄岩岛和南沙群岛及其附近海域拥有无可争辩的主权。在有关各方的共同努力下,当前南海局势总体保持稳定。我们希望有关国家切实遵守《南海各方行为宣言》,不要采取可能使争议复杂化、扩大化的行动,共同维护南海地区的和平与稳定。

2011 年 5 月 10 日外交部发言人姜瑜就越南在中国南沙群岛举行所谓"国会代表"选举答问时表示,中国对南沙群岛及其附近海域拥有无可争辩的主权。姜瑜强调,任何其他国家单方面对南沙群岛采取的行动都是对中国领土主权的侵犯,是非法和无效的,也不符合《南海各方行为宣言》的精神。

2012 年 2 月 28 日中国外交部发言人洪磊表示,中国对南沙群岛及其附近海域拥有无可争辩的主权。任何国家或公司未经中国政府允许在中国管辖海域从事油气活动,都是非法的。

2013 年 1 月 23 日外交部发言人说,中国对南沙群岛及其附近海域拥有无可争辩的主权,这有着充分的历史和法理依据。中国与菲律宾在南海的有关争端的根源和核心,是菲方非法侵占中国南沙群岛部分岛礁引发的领土主权争议,中方一向坚决反对菲方的非法侵占。

中国政府持续不断的领土宣示活动足以构成对南沙群岛及其附近海域主权的享有。中国政府自对南沙群岛及其附近海域行使主权以来,从来没有放弃过自己的主张,今后也不会放弃对南沙群岛及其附近海域主权的要求。

三、纳入版图　实施行政管辖

我国古代将今天的南沙群岛命名为"万里长沙"或"万里石塘",这种命名行为本身就是行使行政管辖权的一种方式。

将南沙群岛明确置于我国行政管辖之内应从北宋开始。

《诸藩志》记载:"海南、汉朱崖、儋耳也、武帝平南粤,遣使自徐闻渡海,略地置朱崖、儋耳二郡,昭帝省儋耳,并为朱崖郡。元帝从贾捐之议罢朱崖。至梁、隋复置。唐贞观元年,析为崖、儋、振三州,隶岭南道。

五年,分崖之琼山置郡,升万安县为州,今万安军是也。儋、振则今之吉阳昌化军是也。贞元五(789)年,以琼为督府,今因之……。至吉阳,乃海之极,亡复陆涂。外有洲,曰:乌里;曰:苏吉浪。南对占城,西望真腊,东则千里长沙,万里石塘……。四郡凡十一县、悉隶广南西路。"①可见,早在唐贞元五年即公元789年南沙群岛就属于中国管辖范围。在宋朝,南沙群岛归属广南西路琼管,②即海南四州军的管辖范围。

在明代的正德《琼台志》的《琼海方舆志》里,对于"疆域"即国境地域的说明中,作了以下的引用。"疆域:(琼管古志云:外匝大海,接乌里苏密吉浪之州,南则占城,西则真腊、交趾,东则千里长沙、万里石塘,北至雷州、徐闻)。"③

这里关于疆域的记载是值得注意的,可以看出中国对南沙群岛疆域的认识。元代史料中关于南海疆域的记载,除了《元史》,还有《岛夷志略》和《真腊风土记》。汪大渊根据自身的见闻编写成的《岛夷志略》里,详细描述了昆仑及万里石塘的地理位置。④

就连日本学者浦野起央也对中国早已对南沙群岛实施管辖给以确认,他在分析了文献资料后认为,作为确认中国在南海诸岛行使管辖权的记载,是从《广东通志》开始有的:"琼以海为界,地饶食货,黎峒介峙,郡邑环之……万州三曲水环泮宫,六连山障,州治千里长沙、万里石塘,烟波隐见。"⑤"琼州府疆域……琼为都会,居岛之北陲,儋居西陲,

---

① (宋)赵汝适:《诸藩志》,卷下,志物,附载海南条,函海本。

② (宋)《琼管志》虽然散佚,但在《舆地纪胜》中有记载。

③ (明)唐胄:正德《琼台志》,卷四,疆域。转引自韩振华主编:《我国南海诸岛史料汇编》,东方出版社1988年版,第34页。

④ (元)汪大渊:《岛夷志略》,万里石塘,第93页,雪堂丛刻本。转引自韩振华主编:《我国南海诸岛史料汇编》,东方出版社1988年版,第49页。

⑤ (清)郝玉麟:《广东通志》,卷四,琼州府,形胜,第52页。转引自韩振华主编:《我国南海诸岛史料汇编》,东方出版社1988年版,第66页。

崖居南陲,万居东陲,内包黎峒,万山峻拔,外匝大海,远接外岛诸国。"①"琼州府疆域……琼州府至省城一千七百里,地居海中,广九百七十里,袤九百七十五里,自雷渡海,一日可至,琼为都会,居岛之北,儋居西陲,崖居南陲,万居东陲,内包黎峒,万山峻拔,外匝大海,远接外岛诸国。"②

清朝后期,明宜撰写的《琼州府志》、钟元棣写的《崖州志》、周文海的《感恩县志》、毛鸿宾的《广东图志》、徐家干《洋防说略》、廖廷相的《广东全省总图说》均记载了中国政府把南沙群岛纳入海防领域。

总之,在明清时代,我国官方修撰的地方志书中都在"疆域"、"山川"、"海境"、"风俗形胜"中记载:"万州有千里长沙、万里石塘"。这里的"万里石塘"就是指今天的南沙群岛。并属于海南省陵水县管辖。

在《大清天下中外全图》(1716年绘制)、《清直省分图》(1724年绘制)、《皇清直省分图》(1755年绘制)、《大清一统天下全图》(1767年绘制)、《清绘府州县厅总图》(1800年绘制)、《大清一统天下全图》(1817年)以及《洋防辑要》中的《直省海洋总图》中,都把南沙群岛划入中国版图。

1911年广东省政府将南海诸岛划归海南崖县管辖,同时中央政府还设立内政部方舆司专管南海事宜。1921年南方军政府重申了这一政令。

1933年,中华民国政府饬令参谋部、海军二部会商调查南沙群岛。③

---

① (清)金光祖《广东通志》,卷二,疆域,第58页,康熙三十六年(1697年)刻本。转引自韩振华主编:《我国南海诸岛史料汇编》,东方出版社1988年版,第34页。

② (清)郝玉麟:《广东通志》,卷四,疆域志,第48页。转引自韩振华主编:《我国南海诸岛史料汇编》,东方出版社1988年版,第35页。

③ "中央重视法占九小岛案",载《申报》1933年7月31日。

8月,广东派出两艘军舰前往南沙群岛调查。① 这些均是民国政府对南沙群岛行使行政管辖的明证。这些行政管辖行为的发生也远比菲律宾、越南、马来西亚等国对南沙群岛提出的主权主张早。无论如何,中国对南沙群岛享有的领土主权及其他相应的主权权利已经是不争的事实。

1935 年中国政府的水陆地图审查委员会公布了 103 个南沙群岛的名称。②

抗日战争结束后,中华民国政府继续对南沙群岛行使行政管辖权。1946 年 8 月 2 日,广东省政府应内政部、高雄市政府之申请,决定调查东沙群岛、西沙群岛的战前及现在的状况,同时中央各部会也研究进驻西沙、南沙群岛的时间。9 月 13 日,内政部、外交部、国防部召开南沙群岛接收会议,国防部、广东省政府要求中央尽快按内政部的方案接收团沙群岛即南沙群岛,内政部制作群岛所属各岛屿的名称、位置详图。内政部、国防部、海军司令部为防止外国干预,将资料交外交部备案。最终决定,由海军司令部派军舰,国防部、内政部、空军司令部、后勤部派代表参加接收,广东省政府也派遣人员参加,林遵任接收西、南沙群岛舰队司令,姚汝钰为副司令,他们分乘太平、永兴、中建、中业四舰前往西、南沙。四舰于 1946 年 9 月法国自西沙群岛撤离后的 10 月 2 日由南京启航,11 月 29 日永兴、中建舰抵达西沙永兴岛交登岛驻扎。在南沙群岛方向,法国 10 月 5 日曾派军舰前往太平岛、南威岛,并在太平岛上建了石碑。太平、中业两舰到南沙是 12 月 9 日,12 日登岛,15 日太平舰巡航中业岛、双子岛等附近各岛屿。各舰都是停泊在距岛一海

---

① "陈济棠派舰调查南沙群岛",载《申报》1933 年 8 月 2 日。

② 1935 年,中华民国政府的水陆地图审查委员会编印《中国南海各岛屿图》详细标明包括南沙群岛在内的南海诸岛各岛礁的具体名称。

里的地方，派武装先遣人员乘小艇登岛，确认没有敌人后，再引导人员、物资上岛，升国旗、放礼炮，举行接收仪式，并给岛屿新命名，建立主权碑，直至 1947 年 2 月 4 日接收完毕。

1947 年内政部公布了南沙群岛新旧名称对照表，以便于在使用中不至于造成混乱。公布南沙群岛名称、确定南沙群岛各岛礁的具体位置、范围，其本身说明中国政府对南沙群岛行使了行政管辖权。

中国方面 1947 年 1 月 16 日由国防部主持召开了西南沙群岛建设实施会议，会议决定成立海南特别行政区，西、南沙群岛由海南管辖。该决定 1 月 27 日由行政院壹字第 1117 号令公布。针对法、菲两国的动向，1949 年 6 月 6 日，中华民国总统蒋介石公布了"海南特区行政长官公署组织条例"，该条例的第一条明确规定"海南特区包括东沙、西沙、中沙、南沙诸岛及大小岛屿、滩、沙、暗礁"。

中华民国内政部内政训发布处字第四四二号令：在海南特别行政区成立之前，西藏自治区、南沙的管理权暂交海军管理。4 月 1 日海南特别行政区成立后该管理权遂交回海南，两岸群岛并入海南行政区划。

1947 年 4 月 1 日中国内政部在经海军司令部同意后，以前往西、南沙群岛接收军舰的舰名，重新命名南沙最大的岛屿为太平岛。14 日内政部召开了有国防部、海军部参加的"西、南沙范围及主权之确定与公布案会议"。在这个会议中确定中国南海领土的南端为曾母暗沙，内政部对西、南沙各岛礁、沙洲都重新作了命名，并把两群岛的主权向全国作了公告。会议还决定海军尽可能向两岸群岛的所有岛礁派驻官兵。10 月在编制"中华民国统计年鉴"时，内政部向国民政府统计处报送的中华民国领土疆域的资料中，中国的最南端为曾母暗沙，地处北纬 4 度。

内政部又组织人力、物力对南沙群岛进行调查。1947 年由国立台湾大学地质系主任兼台湾省海洋研究所所长马廷英①博士牵头,台湾大学地质系副教授郭令智②等参加的调查组,乘中业舰前往南沙,做海洋、地质及其他一般性调查。

这次调查以后,为唤起国民对广东的南部国境的重要性的关注,由广东省政府西、南沙群岛志编纂委员会主办,在广东文献馆举办了西、南群岛物产展览会,约有四万人参观了这个展览。

9月4日,中国内政部以内方壹字第080号令正式向内外公布了西沙、南沙、东沙、中沙群岛归广东管辖,并公布了四个群岛附属的岛屿,礁、沙洲的名称。对此任何国家都未表示异议;12月1日,政府公布了"南海诸岛新旧名称对照表"。

就这样,中华民国在接收了南海诸岛后,分别设置了东沙群岛、西沙群岛、南沙群岛管理处,决定每年运送两次粮食物资,每年更替一次守岛人员。

1948年3月24日,为更替守岛人员,海军司令部派出军舰,搭载西沙岛管理处主任张君然少校,南海岛管理处主任彭运生③少校、海军司令部法制委员潘子藤上校和104名士兵前往南沙诸岛赴任。

针对法、菲两国向南沙群岛派军和炮击中国渔船等新动向,1949年6月6日,中华民国总统蒋介石公布了"海南特区行政长官公署组织

---

① 马廷英(1899—1979),古生物学家、海洋地质学家、海洋生物学家。是中国海洋地质科学的重要先驱者。早年从事珊瑚生长节律之研究,是"古生物钟"之最早发明者。又致力于"古气候与大陆漂移"的研究,做出了贡献。对台湾海峡地区石油资源的考察与研究取得了很大成绩。他领导台湾大学、文化大学地质系,培养了很多人才。

② 郭令智(1915—),湖北安陆人。地质学家,中国板块构造和地体构造研究的重要开拓者之一。曾任南京大学副校长、代校长、校务委员会主任、中国地学会副理事长。

③ 彭运生1918年生,黄陂塔耳岗七里村人。原国民党统治时期,于青岛海军军官学校第五期乙班航海科毕业,去台后任永嘉舰舰长,1959年任海军士官学校少将总队长,后转地方工作。

条例"，该条例的第一条明确规定"海南特区包括东沙、西沙、中沙、南沙诸岛及大小岛屿、滩、沙、暗礁"。

特别值得提出的是，到南沙群岛捕鱼的渔民还需要向海南地方政府缴纳税款。到南沙群岛捕鱼的渔民"大都受雇于鱼栏主。此外也有少数渔民自行组织，向鱼栏主借贷资金，租赁渔船。鱼栏主在集镇上开设店铺，向地方政府领取执照，缴纳税款。……去西沙、南沙群岛的渔民都有严密的组织，以渔船为单位订立契约合同。"①海南地方政府向到南沙群岛捕鱼的渔民征收税款，表明我国政府对南沙群岛行使了行政管辖权。在英国与法国关于曼基耶群岛和艾克里荷群岛争端中，英国举出在这两个群岛上征税、登记不动产、设立海关检查站、验尸等证据，表明了英国对这两个群岛行使了国家职能。从而法院判决英国对这两个群岛拥有领土主权。

因此，在民国时期，我国对南沙群岛行使现代国际法意义上的行政管辖权，从而已经足以证明中国对其拥有领域主权。

中华人民共和国成立后，南海诸岛由广东省海南行政区管辖。1959 年 3 月，广东省海南行政区在西沙永兴岛正式成立县级政权机构"中国共产党西、南、中沙群岛工作委员会"和"西、南、中沙群岛办事处"；1969 年 3 月改为"广东省西沙、中沙、南沙群岛革命委员会"。1984 年，中华人民共和国第六届全国人民代表大会第二次会议审议通过了设立海南行政区人民政府的议案，决定设立海南行政区，统一管辖西沙群岛、南沙群岛、中沙群岛的岛礁及其海域。1988 年 4 月 12 日，第七届全国人民代表大会第一次会议审议通过了关于设立海南省的议案，海南省管辖范围包括西沙群岛、南沙群岛、中沙群岛的岛礁及其海

---

① 何纪生："海南岛渔民开发经营西沙、南沙群岛的历史功绩"，载《西沙群岛和南沙群岛自古以来就是中国的领土》，人民出版社 1981 年版，第 49 页。

域。中央政府通过在海南建省,进一步加强对南海诸岛的管辖。

另外,我们也需要注意的是,中国台湾地方政府也采取有力措施,维护中国在南沙群岛的领土主权。

台湾当局采取的主要措施是将南海诸岛划归台湾高雄市代管,成立区公所;地方政府官员赴太平岛,建立主权碑;制订计划,保卫并开发、建设南沙群岛;组织科学考察团,收集南沙群岛资源资料;组织中油公司,勘探南沙群岛资源;到20世纪90年代初,台湾建立专门机构"南海小组",商讨制订维护、建设、开发南海的计划。

行政管辖权是一个国家领土管辖权中最重要方面,也是国家领土主权的重要内容。行政管辖权主要是国家在领土上建立一定的行政机构,行使行政统治权以及其他行为。其内容非常广泛,如:设立行政机构、划分行政区域、组织生产活动、对领域内的一切人、物行使管辖权,等等。赋予、剥夺、命令、许可、免除、受理、审批、拒绝、批准、证明、确认、通知等行政措施的实施均是一个国家行使行政管辖权的方式。①

我国长期持续地对南沙群岛行使行政管辖权,这种管辖权也得到南海周边国家的默认或明确承认,这已经充分说明我国对南沙群岛享有无可争辩的领土主权。

四、开发经营 航海贸易

中国史书记载中国人民在南沙群岛开发经营,航海贸易的资料非常丰富,下面仅举几例。

战国时期的《逸周书·王会解》记载,商汤下令大臣制定"四方献

----

① 《中国大百科全书·法学卷》,1984年版,第471页。

令"，臣子建议："正南——请令以珠玑、玳瑁——为献。"这表明南海居民早在公元前 18 世纪就开发经营南海渔业。《汉书·地理志》也记载南海渔民"以鱼塘山伐为业"。

三国时期的吴国人康泰在《外国杂传》中记载："大秦西南涨海中，可七八百里到珊瑚洲，洲底大磐石，珊瑚生其上，人以铁网取之。"①《吴录》记载："交州涨海中有珊瑚，以铁网取之。"②这里值得注意的是，"人以铁网取之"说明，中国渔民在南沙群岛进行生产活动。

南宋时期的吴自牧在《梦粱录》中记载："若欲船泛外国买卖，则自泉州便可出洋，迤逦过七洲洋，舟中测水，约七十余丈。若经昆仑沙漠蛇龙乌猪等洋，神物多于此山中行雨，上略起朵云，便见龙现全身，目光如电，爪角宛然，独不见尾耳，顷刻大雨如注，风浪掀天，可畏尤甚。但海洋近山礁则水浅，撞礁必坏船，全凭南针，或有少差，即葬鱼腹。自古舟人云：'去怕七洲，回怕昆仑'，亦深五十余丈。……若商贾止到台温泉福买卖，未尝过七洲、昆仑等大洋，若有出洋，即从泉州港口，至岱屿门，便可放洋过海，泛往外国也。"③

元朝、明朝也有许多记载中国人民到南沙群岛捕鱼、航海的史料。明朝时关于这类的文献很多，下面就介绍几种。

明朝慎懋赏的《海国广记》里是这样记载吴惠的航海的。"正统六（1441）年，给事中舒某，行人吴惠，于十二月二十三日，发东莞县，二十四日过乌猪洋。二十五日过七洲洋。瞭见铜鼓山，二十六日至独猪山。瞭见大周山，二十七日至交阯界。有巨洲，横截海中，怪石廉利，风横舟

---

① （唐）徐坚：《初学记》，卷六，第 6 页，蕴石斋丛书，黄氏家藏版。参见韩振华：《我国南海诸岛史料汇编》，东方出版社 1988 年版，第 26 页。

② （宋）乐史：《太平寰宇记》，卷一百七十，岭南道十四，交州，土产，第 5 页，木刻本。参见韩振华：《我国南海诸岛史料汇编》，东方出版社 1988 年版，第 26 页。

③ （南宋）吴自牧：《梦粱录》，卷十二，江海船舰，《学海类编本》，第 15—16 页。

触,即靡碎。舟人甚恐,须臾风急,过之。二十八日至占城外罗洋……。"
"正统六年,(占城)国王卒,嗣子摩可贵由请袭爵。上赐敕诏,遣给
事中舒某为正使,及付使行人吴惠往封之。七(1442)年正月(至占
城)。……吴惠,正统间为行人,与舒给事中,使占城,海中遥遥间青山
一抹,时风浪大作,顷之。忽至其下,盖琅琊山也。其山棱利如剑锋,下
白骨无数,……舒给事中,分必死,公颜色自若,……风息得过。公诗有
云:巨浪摧山掀别岛,黑波涵月撼危樯。其险可知矣。"①

在明朝王鏊的著作《守溪长语》里,关于航海方面作为如下的叙
述。"吴惠。惠,洞庭人,正统六年七月,以行人奉命,使占城,立嗣王。
十二月,发东莞,次日,过乌潴洋。又次日,过七洲洋(山)。瞭见铜鼓
(山),次日过独潴洋,见大同山(大周山)。次(日)至交趾洋。山有旧
周,名海中。怪石廉利,风横舟迅,凝之即伤,舟人不胜恐惧,须臾风急
过之。次日至占城(外)罗洋……。五月六日回洋,舟至七洲洋,大风,
几覆舟。……五月十五日遥见广海南门以通广东……"②

从以上引用的明朝航海方面的记载可以看出中国人在南海诸岛及
其周边海域航海的具体情况。

地理书籍《东西洋考》是由张燮撰写的,共分为一十二卷,书里将
主要的航海路线分成"东洋针路"和"西洋针路"。将东西洋各自航道
中经过的山、岛和洲等航海的目标作为参照物,来确定相对的位置。

从上述史料中可以看出,在明朝时中国继续对南海行使主权,同时
也说明了南海诸岛在航海上是人人避之的危险海域。③

清朝道光年间文昌渔民到南沙群岛从事渔业活动。"珊瑚九岛在

① (明)慎懋赏:《海国广记》,占城国统(玄览堂丛书续集,第14册)。
② (明)王鏊:《守溪长语》,见(明)高鸣凤:《今献汇言》六,守溪长语,第26页,上海
涵芬楼景明刻本。转引自韩振华主编:《我国南海诸岛史料汇编》,第55页。
③ 浦野起央语。

西沙群岛之东南,吾琼文昌县渔民因生活所迫,于清道光初年到其地从事渔业——嗣有各县多数渔民移居其地,建立房屋与'兄弟公庙'多所。"①

　　就连外国的著述中也有中国渔民开发经营南沙群岛的事迹的记载。如:1868 年英国出版的《中国海指南》记载在南沙群岛捕鱼的渔民称一个岛名叫 Sin Cowe,该岛大约位于 Namyit 南方 30 海里。②1923 年版的《中国海指南》记载:"安波沙洲(北纬 7 度 51 分,东经112 度 55 分)……。据 1889 年流浪者号的报告,岛上发现漏屋之遗迹……。地萨岛(即郑和群礁),海南渔民,以捕取海参、贝壳为生活。各岛都有其足迹,亦有久居岩礁间者。海南每岁有小船驶往岛上,携米粮及其他必需品,与渔民交换海参、贝。船于每年 12 月或 1 月离海南,至第一次西南季风时返。在伊提巴岛(即太平岛)上之泉水,较他处为佳,……北威岛(即双子群礁)……常为海南渔民所栖止,捕取海参及贝壳等。③英国船只"莱福曼"号对南沙群岛调查后也记载:"各岛俱有海南岛渔民之足迹,以捕取海参、介贝为活,颇常年留居于此,而由海南岛居民每岁遣小舟来,供给粮食,易取参贝。"④英国的《泰晤士报》发表社论说:"无论如何,中国的这种主权要求在西方出版地图的大约1000 年以前就提出来了。"⑤

　　就连对南沙群岛领土有非分之想的法国人,也不得不承认中国渔民在南沙群岛上的生产经营开发的事实。1933 年法国军舰到中业岛

---

　　①　许道岭:"法占海南九岛问题",载《禹贡》半月刊 7 卷 123 合期,1937 年 7 月,第270 页。

　　②　《中国海指南》,1868 年版,《通往中国的主要路线》。

　　③　英国海军测绘局编:《南中国海指南》,1923 年版,第 3 卷。参见《外交部评论》1933 年 9 月刊第 2 卷第 9 期,第 16—19 页。

　　④　胡焕庸:"法日觊觎之南海诸岛",载《外交评论》第 3 卷第 5 期,1934 年。

　　⑤　英国《泰晤士报》1976 年 6 月 16 日。

时,见到在岛上居住的 5 名中国人。"有淡水井一口,足供 5 人之饮料,捕鱼而外,从事椰子、香蕉、番瓜之种植,且采掘磷矿。"①在双子岛见到来自海南岛的 7 名中国人,其中还有 2 名小孩。在南威岛见到 4 名中国人。这些中国人主要以捕鱼、捞海参和逮乌龟以及种植椰子、香蕉、番薯、蔬菜为生。法国人在南沙群岛中最大的太平岛上还见到了中国人居住的屋舍和其他生活足迹。"一座用树木枝叶搭盖成的小屋,一块维护得很好的番薯地,一座小神龛,其间放着一个供神的茶壶,一些祭瓮。这是中国渔民的家神。小屋中放着一块木牌子,上面写着汉字,大意是:'我是船主德茂,三月中旬为你们送粮到此,但未见一人。现我将米放在石下,我走了。'"②

　　日本《产经新闻》也发表文章指出,"南沙和西沙群岛,从历史上的主张来看,中国要追溯到汉代以前。在 15 世纪时,中国旅行者就曾到过这些地方。"③1917 年到南沙群岛"探险"的日本人平田末治,在报告中写道:"华人五百余户定住在各岛,经营渔业。"④1933 年 7 月 14 日,国民通讯社马尼拉讯"该岛(南沙群岛)中仅有少数渔民居住,海南岛渔舟也常往其处。"8 月 18 日,日本大阪《每日新闻》社派出一艘帆船及 2 名社员开赴我国南沙群岛调查,记录道:"二十五日抵达目的地北二子岛……从海南来的两个中国人,以举手礼欢迎我们。一行见往南二子岛……岛的南面也有房子,住有三个中国人。"⑤

---

　　①　凌纯声:"法占南海诸小岛之地理",载《方志月刊》第 7 卷第 4 期,1934 年 4 月。
　　②　法国《图解》杂志 4715 号,第 382 页,1933 年 7 月 15 日。转引自张鸿增:"从国际法看中国对西沙群岛和南沙群岛的主权",载《西沙群岛和南沙群岛自古以来就是中国的领土》,人民出版社 1982 年版,第 19 页。
　　③　日本《产经新闻》1974 年 1 月 20 日。
　　④　"琼南九小岛",载《申报月刊》第 2 卷第 9 期,1933 年 9 月。
　　⑤　[日]若林修史等:"新南群岛之今昔",载《台湾时报》第 2 卷第 3—4 期,昭和 14 (1939)年 5 月 20 日。

南沙群岛考古所发现的文物具有中国中原文化特征,从而反映出中国人民在这些岛屿上的生活和生产情况。

五、《更路簿》

我国渔民由于长期在南沙群岛海域生产生活,积累了丰富的生产经验。他们对南沙群岛的岛礁位置及名称、航行线路、渔场分布等进行了详尽的记述。这些经验总结集中体现在《更路簿》。①

《更路簿》是我国海南岛渔民在南沙群岛进行捕鱼、捞虾、捉龟等生产活动的航海指南书。它记载了海南岛渔民从文昌县的清澜港或琼海县的潭门港起航,到南沙群岛、西沙群岛各岛礁的航行针位(指航向)和更数(航程)。南沙更路篇总共有 200 条,记载传统地名 72处。它记述了从西沙群岛到南沙群岛以及在南沙群岛各岛礁之间的往返更路。去南沙群岛的渔船大都从西沙二圈(玉琢礁)、三圈(浪花礁)、白峙仔(盘石屿)、半路峙等地起航,到南沙群岛的双峙(双子礁)或锣孔(马欢岛)等地。在南沙群岛内航行的线路大约中、东、西三条:中线由双峙南下,经铁峙(中业岛)、第三峙(南钥岛)、黄山马峙(太平岛)、南乙峙(鸿庥岛)、秤钩峙(景宏岛),再经无乜线、目镜、深圈(榆亚暗沙)、簸箕、铜钟、光星仔,至石公厘(弹丸礁)、五百二(皇路礁)、单节线(南通礁)、墨瓜线等地。东线和西线又分为上下两路。东线上路由双峙出发,经红草线排、红草峙、锣孔、五风、半路线鱼鳞(仙宾暗沙),至东头乙辛;东线下路由双峙经铁峙、裤裆、三角、双门、断节(仁爱暗沙)、牛车英、脚坡至石龙(舰长暗沙)和海公(半月暗沙)。在天气晴朗时,从东头乙辛和石龙可以遥见菲律宾巴

---

① 《更路簿》的种类、名称以及详细内容,见《南海诸岛地名资料汇编》(1987 年)和韩振华:《我国南海诸岛史料汇编》,东方出版社 1988 年版,第 366—399 页。

拉望岛的朦胧山影。西线上路从黄山马峙起,经劳牛劳(大现岛)、上戊(永暑礁)、铜铣仔(华阳礁)、大铜铣、龙鼻、鸟仔峙(南威岛)至西头乙辛(日积礁);西线下路从秤钩峙出发,经六门、石盘(毕生岛)至铜铣仔与西线上路会合。此外,还有其他不常用的线路。① 在南沙群岛水域,航路纵横交错、密如蛛网。这反映了我国渔民在该海域进行的生产活动非常频繁。没有长期的实践,也不可能形成如此详细的记载。

清朝后期,在南沙群岛捕获的渔产品远销到新加坡。在这一带生产的海南渔民由此摸索出了到新加坡的航线。从南沙群岛出国的航线有三条:从西头乙辛经越南罗汉湾头南下;从单节线、墨瓜线出发,经印度尼西亚纳土纳群岛边缘南下;从鸟仔峙和西头乙辛经马来半岛南端东岸的潮满岛、东西竹、白石鹤灯进新加坡港。②

这些《更路簿》和地名一直沿用至今。《更路簿》最早出现于明代,以后经过渔民丰富完善。其手抄本有几种,清晰记载了我国渔民在南沙群岛生产、贸易航行活动。

除《更路簿》以外,长期在南沙群岛海域生产的海南岛渔民符宏光在1935年绘制了《西南沙群岛地理位置略图》(该图收藏于广东省博物馆)。该海图长107厘米、宽79厘米;图中列举了63个南沙群岛各岛礁的地理位置和地名。

由于在古代没有形成现代意义上的领土主权概念,因此,中国人民的开发经营活动对于中国享有南沙群岛就显得特别重要。这正如英国国际法学家布朗利在《国际法》一书中所说:"在传统农业经济中,国家

---

① 何纪生:"海南岛渔民开发经营西沙、南沙群岛的历史功绩",载《西沙群岛和南沙群岛自古以来就是中国的领土》,人民出版社1981年版,第52—53页。

② 同上书,第53页。

利益和私人利益之间的区别不像在现代工业经济中所能期望的那样确定。在农业经济中,私人土地所有者的放牧和其他经济活动得视为主权的证据。"①在英法关于"曼基耶群岛和艾克里荷群岛"争端案中,国际法院法官卡莱罗认为:"身为某国公民的个人的存在,可能意味着或者涉及到该国的占领,在位于两国边境的领土又为两国都主张主权的地区,这项个人的活动就特别重要了。"②在印度与巴基斯坦关于面积达 7000 平方英里的卡奇沼泽地的争端案中,国际仲裁法庭主席在裁决中指出:在农业经济中"不同主权下的领土之间的边界,仍然是经济权利的严格界限,有如其为政府职权的界限"。③ 由于卡奇沼泽地一年中有半年被水淹没,不被淹没的地方,只能供放牧之用,巴基斯坦信德省的居民在靠近巴基斯坦一侧放牧、捕鱼和开垦,所以,在裁决中,仲裁庭主席认为:"公开使用这些牧场已经有一百年以上的信德省居民和信德省当局显然是以达拉班尼(Dhara Banni)和查德贝特(Chhad Bet)为信德省的领土来使用的。"④

从我国人民对南沙群岛长期经营、开发的事实和结合国际法规则以及国际法案例来看,中国对南沙群岛享有的领土主权是不容置疑的。南沙群岛远离大陆,对于中国这样的农业、渔业古国来说,中国渔民的生产活动已经构成了对南沙群岛的实际占领;从这一角度看,也间接表明中国对南沙群岛的行政管辖权和享有了领土主权。

六、中国历代(自三国始)海军在南沙群岛的巡防活动

军队是国家的武装力量,是国家的权力象征和代表之一,是国家捍

---

① Ian Brownlie, *International Law*, 1973, p. 146.

② D. P. O'Connell, *International Law*, V. I, p. 482.

③ *International Legal Materials*, 1968, p. 674.

④ *International Legal Materials*, 1968, p. 689.

卫主权、保护领土完整的力量，因此，军队的行为不仅是代表国家行事，而且在国际法上具有特殊重要的意义。

自三国时期的吴国到南朝，中国政府均以南海为海外贸易的枢纽，而且以岭南为其战略纵深地带，因此用兵交州、林邑，保卫海上安宁，以海师为本。谢灵运在《武帝诔》中即有记载：刘宋"虎骑骛隰、舟师涨海"。可见，南海诸岛在南朝、晋代就是中国海军的巡辖范围。

北宋的文献里有曾公亮、丁度等人编写的兵部《武经摘要》，该书记录了当时政府在南海上设置巡视水师营垒的情况。具体记录是这样的。"广南东路广州南海郡，古百粤也，皆蛮蜒所居，自汉以后入为郡县，唐为清（靖）海军节度。本朝平刘张铱复建方镇为，一都会，提举十六州，兵甲盗贼，控外海诸国，有市舶之利，蕃汉杂处，命王师出戍，置巡海水师营垒，在海东西二口，阔二百八十丈，至屯门山二百里，治舠鱼入海战舰，其地，东南至大海四十里，东至于惠州四百二十里，西至端州二百四十里，南至恩州七百五十里，北至韶州二百五十里，东南海路四百里至屯门山，二十皆水浅，曰（日）可行五十里，计二百里。从屯门山，用东风西南行，七日至九乳螺洲，又三日至不劳山，又南三日至陵山东（原注有甜水），其西南至大食，佛师子，天竺诸国，不可计程。太平兴国中，朝廷遣三将，兵伐交州，由此州水路进师，今置广南东路兵马铃辖，以州为始（治）所。"①

元将刘深攻帝（端帝）于浅湾，张世杰战不利，奉帝走秀山，至井澳，陈宜中遁入占城，遂不返。（至元十四［1277］年）十二月丙子，帝至

① （宋）曾公亮：《武经总要》，前集卷二十，广南东路，第15—16页。宋庆历四年（1044年）成书，1959年中华书局上海编辑所据明正德间刊本影印。根据我国外交部文件的有关注释，《武经总要》是宋代军事制度和国防大事的权威性文件，是由相当于副宰相的"尚书工部侍郎参知政事"丁度和相当于皇帝顾问的"天章阁待制"曾公亮共同主持编撰的。

井澳,飓风大作,舟败几溺,帝惊悸成疾,旬余,诸兵士始稍来集,死者过半。元刘深袭井澳,帝奔谢女峡,复入海,至七洲洋,欲往占城,不果。

从这些记载看出,元军控制到了被称作七星洋(七洲洋)的海域。于是,于1279年在南海完全消灭了南宋的舰队。

另外,根据吴自牧撰写的《梦粱录》第十二卷、江海船舰的记载,因为在七洲洋航海很危险,要注意迂回才行,所以才有"去怕七洲、回怕昆仑"的谚语。

在黄任、郭赓武等修订的《泉州府志》里,也记载了有关海军副提督吴升巡视的情况。

元代的著作中值得引用的是纪传体历史书《元史》、《史弼传》以及清朝初期修订的《新元史》爪哇部分等,这是元朝因为爪哇三度拒绝向元朝进贡,忽必烈于元二十九(1292)年十二月派遣提督史弼征讨爪哇的相关记载。根据《我国南海诸岛史料汇编》,史弼的军队从泉州出发,通过现在的西沙群岛以及近海的七洲洋和占城(越南的地方小国),向爪哇进发的。宋濂撰写的《元史》第162卷、列传第四十九、史弼传里是这样记载的。

"(至元二十九)(1292)年十二月,[史]弼以五千人,合诸军,发泉州。风急涛涌,舟掀簸,士卒皆数日不能食,过七洲洋、万里石塘,历交阯、占城界。"①

这里的万里石塘就是指南沙群岛。对此已经无疑。著名国际法学家丘宏达也认为七洲洋是西沙群岛东部的七个岛,万里石塘指的是南沙群岛。

另外,关于史弼征讨爪哇的记载,《新元史》里是这样记载的。

---

① (明)宋濂:《元史》,卷一百六十二,列传第四十九,史弼传。见《二十五史》,元史,列传,第382页。转引自韩振华主编:《我国南海诸岛史料汇编》,第45页。

"(至元)二十九(1292)年二月,诏史弼、高兴、亦黑迷失,并为福建行省平章,会福建、江西、湖广三省兵凡二万,发海舟千艘……大军会泉州,自后诸启行,风急涛涌,舟掀簸,士卒数日不能食,经七洲洋、万里石塘,历交阯、占城界。明年正月至东董、西董山、牛犄屿,入混沌大洋、橄榄屿①、假里马答②、枸兰等山。驻兵伐木、造小船以入。"③显然,在元朝时期,南沙群岛仍然是中国海军的活动范围。

明朝时期,在黄任、郭赓武等修订的《泉州府志》里,也记载了有关海军副提督吴升巡视的情况。

清朝仍把南沙群岛作为海军的巡防范围。如明谊著《琼州府志》、钟元棣的《崖州志》、周文海的《感恩县志》、毛鸿宾的《广东图志》、徐家干的《洋防说略》等均把"琼洋"所属"千里长沙、万里石塘"记入万州海防。

民国时期,海军多次巡防南沙群岛。1937年广东当局派军舰巡防南海。1946年民国政府接收南海诸岛,派太平、中业等军舰到南沙接受,并在南沙群岛竖立"太平岛"、"南沙群岛太平岛"、"南威岛"、"西月岛"等石碑。接收完成后,留军队驻守南沙。另派军舰为我国在南沙群岛捕鱼的渔民护航。

中华人民共和国建立后,台湾地方当局仍采取军事行动,如在南沙驻军、定期巡航南沙,以维护中国对南沙群岛的主权。1956年6月2日,台湾当局派出由姚汝钰率领的两艘军舰驻扎太平岛,建立南沙守备区。6月11日,该部队登上西月岛,并立碑升旗。6月29日,巡视南沙

---

① 即今日印度尼西亚的淡美兰群岛。

② 即今日印度尼西亚的卡里马塔群岛。

③ (民国)柯劭文:《新元史》,卷二百五十三,列传一百五十,外国五,爪哇。见《二十五史》,新元史,列传,第479页,开明版。转引自韩振华主编:《我国南海诸岛史料汇编》,第45页。

群岛。9 月 24 日,再度巡弋南沙群岛海域。此后,台湾海军每三四个月都要巡弋南沙群岛。台湾当局也派遣官员视察南沙群岛,慰问驻扎在南沙群岛的守军。1966 年,台湾当局派遣军舰赴南沙群岛的南子礁、北子礁、中业岛、南钥岛,竖立主权碑。1994 年 4 月 20 日,台湾当局第一次派出警察,巡弋南沙群岛。

中华人民共和国成立后,我国海军不定期到南沙群岛巡防,组织舰艇编队,为我国在南沙群岛的海洋科学考察进行护卫。1988 年 1 月 8 日,我海军部队进驻永暑礁,2 月,我海军先后进驻南沙群岛中的华阳礁、南薰礁、东门礁、赤瓜礁、诸碧礁。

七、打击海盗　行使司法管辖权

明代时由于海盗的猖獗,政府派遣了水军,也有了关于海防巡视的记载。在《康熙琼州府志》里记载了洪武三十(1397)年至正德十三(1518)年海防巡视、打击海盗的情况。

"吐蕃贡物经琼州,必遣官辅护。暹罗国洪武三十(1397)年、正统十(1445)年、天顺三(1459)年贡方物,占城国宣德四年贡方物,正统二(1437)年又贡,十二(1447)年贡象,十四(1449)年贡方物,天顺七(1463)年贡白黑象,成化七(1471)年贡象虎,十六(1480)年又贡虎,弘治十七(1504)年贡象,正德十三(1518)年又贡。满剌加弘治十八(1505)年贡五色鹦鹉,各遣指挥千百户镇抚至京。"①从这段文字可以看出,明朝曾派出水师到今天的南海周边国家保护来京的献贡船队,以防海盗袭击,明朝水师的活动范围已经在整个南海水域。

在以下王佐《广东通志》的记载中,《海语》篇里出现了"鸟潴、独

---

　　①　(清)牛天宿、朱子虚:《康熙琼州府志》,卷八,边海外国,康熙刻本,第 25—26 页。

潴、七洲”等地名,可以断定当时这些地方属于巡视的范围,也确认了中国在南海进行海防巡视和打击海盗。

对于“惩治南海盗匪”的论述,傅昆成先生的分析论述最为精辟。他引用《清实录》中关于清高宗至德宗(16世纪中至19世纪末),中国政府加强海防,以惩治安南盗匪南海作乱,有十分详尽的记载。引述如下:加强海防;自安南提回人犯;宽待安南番船,免扣其武器;令暹罗王必要时协助擒拿缅酋以效顺中朝;照会暹罗王搜擒缅匪;研究用水师攻击缅匪之得失;防范安南乱事但不介入;令安南协同追缉海盗;赏安南国王缉捕海盗有助;怀疑安南国王隐匿匪情;勉励安南国王认真缉捕海盗;赏安南官吏缉解海盗有功;处理安南投诚之海盗;著名海盗投诚证实安南王窝留海盗;追缉海盗不力交部议出;中国缉获海盗船14艘;嘉勉越南国王海上堵截盗匪;中国卢坤缉捕海盗;谕令越南王由陆路解送捕获中国海盗;越南王遣使将海盗解粤审办;越南王深明大义,于下届应贡年份使臣到京时,加赏褒奖;主张用中国水师缉拿海盗,毋用越南兵力;护送越南兵船回越途中被劫;赏越南王救援中国遇风缉拿盗匪兵船有功;中国兵船南海缉拿海盗遇风,越南助之,再赏;中国水师兵轮时至越南水域游弋,以维持治安;加强海防,毋稍松懈。[1]傅昆成先生列举了这一时期清朝在南海的缉拿盗匪的行为共27种。这些行为是清朝政府行使司法管辖权和与越南司法协助的明证。鉴于前面提及一个国家行使了司法管辖,即可被视为实施了“有效占有”,因此,中国的清政府单就这一项司法管辖行为即可被认为是对包括南沙群岛在内的南海实施“有效占有”。因为司法管辖权是国家领土管辖权和属人管辖权的重要内容,是国家领土主权的重要表现,而领土主权又是国家主权

---

① 参见傅昆成:《南(中国)海法律地位之研究》,中国台湾,123资讯出版社1995年版,第62—85页。

的重要内容和表现。如果越南、菲律宾、马来西亚等国无视这些历史事实和法理依据,势必是对支撑国际关系和国际法体系的国家主权原则的破坏。

八、抗议并阻止外国对南沙的非法活动

对外国的非法活动进行抗议和阻止,也是一种领土主权行使方式。

1883 年德国测量船到西沙群岛、南沙群岛进行测量时,中国向德国有关方面提出了强烈抗议,德国只好停止调查活动。①

1930 年,法军登上南威岛并悬挂法国国旗,但国旗被我国海南渔民符宏光扯碎,将从海南岛买来的中国国旗挂上。1933 年,悬挂在南沙群岛南子岛、北子岛的法国国旗旗杆被我国渔民柯家裕砍倒做了床板。在中业岛,我国渔民王安荣将法国人埋在地下的玻璃瓶"备忘录"挖出砸碎,渔民郑兰锭将法国国旗撕烂。② 法国侵略者在太平岛上悬挂的法国国旗,被我海南渔民砍倒并把旗杆作为他们的桅杆用。这一系列活动表明了我国渔民对法国侵占太平岛的抗议。对于法国的侵略,中国人民和政府强烈抗议,琼崖旅京同乡会、各渔业团体、南京市工会、上海市总工会、浙江宁海县农会、绍兴商会、上海缫丝产业工会等全国各群众团体纷纷集会抗议,要求政府采取有力措施,保全中国对南沙群岛的领土主权。

1933 年 7 月,中国政府外交部发言人声明,南沙群岛是仅有中国人居住的岛屿,国际社会也承认其是中国的领土,但法国加以占领,中国政府外交部、海军部积极筹谋应对办法,并将对法国提出严重抗议。

---

① 陈天锡:《西沙东沙岛成案汇编》,1928 年。

② 何纪生:"海南岛渔民开发经营西沙、南沙群岛的历史功绩",载《西沙群岛和南沙群岛自古以来就是中国的领土》,人民出版社 1981 年版,第 61 页。

8月,广东省政府向法国提出抗议,并设法保全我国对南沙群岛的主权。当时的西南政治分会讨论作出决议:将法占九小岛在粤版图之位置形势及经纬度证据等,详电国府,请据理向法严重抗争,务保领土完整;此案文件之搜集与安置九小岛我国渔民,令粤省政府与甘介候筹议,并向驻粤法领提出抗议。

中国政府和人民的抗议和采取具体行政、法律措施保全中国对南沙群岛的领土主权,是中国政府的一种主权宣示,具有重要的国际法意义。不仅排除了中国对法国占领我国岛屿一事的默认、承认等法律行为的存在(而这些行为正是菲律宾政府面对法国占领九小岛时的态度),而且也表明了中国维护对南沙群岛领土主权的坚强决心。同时还突出了中国政府和人民无论在何时,无论什么样的政府,在维护对南沙群岛领土主权问题上的持续有效的占有行为。

第五节　中国以"断续国界线"的形式确定对南沙群岛的领土主权

一、南海"断续国界线"的产生及其演变

在从日本帝国主义侵略者的铁蹄下收回南海诸岛以后,为了巩固对南沙群岛领土主权,防止类似于1933年法国侵占琼南九小岛事件和20世纪30—40年代日本对中国领土的蚕食的痛苦历史再次发生;是中国政府在8年抗击日本侵略者之前维护南海诸岛主权工作的延续;也是由于1945年美国总统杜鲁门发表大陆架宣言和拉美国家宣布200海里海洋管辖权的部分影响,中国政府希望通过公布南海断续国界线的形式确定对包括南沙群岛在内的南海诸岛的领土主权。这里,显然是中国政府和人民第一次全面战胜外国帝国主义的侵略,对焕发

出民族自尊心和在以后维护领土主权的坚强决心发挥了最重要作用。

南海断续国界线的出现,经历了10多年时间的酝酿、协商和其他准备。早在1930年,中国政府就颁布了水陆地图审查条例。公布该条例的起因是当时国内没有经过详细勘测的地图,出版的地图也就存在不少错漏,乃至"国疆界域,任意出入,影响所及,关系非浅"。因此,当时的中华民国参谋本部和海军部会商呈准公布水陆地图审查条例。1931年6月,内政部召集参谋本部、外交部、海军部、教育部、蒙藏委员会共同协商,公布了修正和扩充了的水陆地图审查条例。1933年5月,正式成立了水陆地图审查委员会,由内政部、外交部、教育部、海军各部、参谋本部、蒙藏委员会各派出代表组成,并于6月7日正式履行其职能。

1934年12月21日,委员会第25次会议通过审定中国南海各岛礁中英文对照名称的决议。此后,委员会广泛收集有关南沙群岛等南海岛屿的地图和其他文字资料。1935年3月,委员会第29次会议决议指出:"东沙岛、西沙、南沙、团沙各群岛,除政区疆域各区必须添绘外,其余折类图中,如各岛位置轶出图幅范围,可不必添绘。"①1935年1月,由水陆地图审查委员会编印出版第一期会刊列出了96个南沙群岛岛礁名称。其范围最南端到曾母暗沙,最西至万安滩,东至海马滩。这种划法与抗日战争结束后的1947年的划法一致。

由于日本发动对华全面侵略战争,中国政府和人民忙于反击日本帝国主义的侵略,南沙群岛的地图绘制工作受到影响。直到抗日战争结束后,日本政府将南沙群岛交还给中国,中国政府派出海军和政府官员接收南沙群岛。之后,中国政府便继续着手被迫中断的工作。1947年4月14日,内政部邀请国防部、外交部、海军总司令部召开"西南沙

---

① 《水陆地图审查委员会会刊》第3期,1935年9月,第79—80页。

范围及主权之确定与公布案"会议,讨论结果:1.南海领土范围最南应至曾母滩,此项范围抗战前我国政府机关学校及书局出版物,均以此为准,并曾经内政部呈奉有案,仍照原案不变;2.西南沙群岛主权之公布,由内政部命名后,附具图说,呈请国民政府备案,仍由内政部通告全国周知,在公布前,并由海军总司令部将各群岛所属各岛,尽可能予以进驻;3.西南沙群岛鱼汛瞬届,前往各群岛渔民由海军总司令部及广东省政府予以保护及运输通讯等便利。① 10 月,内政部给国民政府主计处呈送的有关疆界各项资料的函件中附有我国四至及经纬度资料。这四至是极东:乌苏里江与黑龙江会合处,东经 135 度 4 分;极西:帕米尔高原之喷赤河,东经 71 度;极南:南沙群岛曾母暗沙,北纬 4 度;极北:唐努乌梁海之萨颜岭脊,北纬 53 度 57 分。② 随后由内政部方域司及时印制了《南海诸岛位置图》,用 11 条断续国界线将南沙群岛划在中国版图内,此后出版的地图都按照政府的规定,将断续国界线划在北纬 4 度左右。内政部方域司印制了南海诸岛位置图,将南沙群岛同其他三个南海群岛一并划入中国版图,最南端在北纬 4 度左右,在群岛的周围用国界线加以确定,范围线一共 11 条。这 11 条断续国界线以后被有的学者称为"U 型线"。1948 年初,内政部方域司将南海诸岛位置图收入《中华民国行政区域图》,并公开予以发行,向世界宣告中国对南沙群岛享有主权以及在中国南海的疆界范围。

中华人民共和国成立后,继续在出版的地图中使用这条断续国界线。1953 年中华人民共和国政府批准将北部湾内的 2 条断续线去掉,以后出版的地图改为 9 段,并沿用至今。这种断续国界线的继续使用,

① 《测量西沙南沙群岛沙头角中英界石》,广东省政府档案馆。
② 内政部统计处根据方域司之资料编制,参见韩振华:《我国南海诸岛史料汇编》,东方出版社 1988 年版,第 184 页。

表明中国政府仍然坚持中国版图的最南端在北纬4度左右,将曾母暗沙包括在内,中国的领土主权及于南沙群岛。

从20世纪30年代开始,中国根据历代政府对南沙群岛行使主权的范围又重新加以界定,这显然比越南、菲律宾、马来西亚等国在20世纪60年代对南沙群岛提出主权要求要早数十年,而且在中国确定南沙群岛范围并通过政府政令和地图的形式加以公布。中国政府公布南沙群岛的领土主权范围后,南沙周边国家长期没有提出任何异议,这等同于这些国家对中国领有南沙群岛领土主权的承认或默认。中国对南沙群岛领土主权范围,从20世纪30年代再次明确界定后,坚持相同立场,前后一致。

二、民国政府断续线划线行为合法性分析

1947年4月14日,内政部召开专门会议讨论西沙、南沙群岛范围及主权确定与公布案。这次会议为中国南海主权确定了基调和范围:1.南海领土范围最南应至曾母暗沙;2.西沙、南沙群岛主权之公布,由内政部命名,呈请国民政府备案,仍由内政部通告全国周知,并决定在公布前,由海军总司令部将各群岛所属各岛,尽可能予以进驻。会后,为了使确定的西沙、南沙群岛主权范围具体化,方域司印制了《南海诸岛位置图》。该图作为现代中国南海地图的重要蓝本,具备以下意义:1.国界线最南端标在北纬4度左右;2.在南海海域中完整地标明了东沙群岛、西沙群岛、中沙群岛和南沙群岛的位置和岛屿名称;3.该图用11条断续线圈定了中国南海海域范围,成为当今中国坚持南海主权的依据。这11条断续线又被称为传统疆界线,因其形状似U形,也被称为"U形线",至此,南海领土范围在中国地图上明确化了。1948年2月,中华民国内政部公开发行《中华民国行政区域图》,向国际社会宣布了中国政府对南海诸岛及其邻近海域的主权和管辖权范围,其附图

即《南海诸岛位置图》。民国政府对于断续线的划定在当时是具有合法性的。

（一）从越南、菲律宾、马来西亚独立时间看，民国政府的划线行为具有先占性质

在主体方面，民国政府是我国的合法政府，有权对属于我国的领土行使管辖权；在主观方面，民国政府有将南海诸岛纳入本国行政区域图的主观愿望；在客体方面，南海诸岛当时并未被纳入到新独立的菲律宾、越南等国领土范围内，而且马来西亚尚未独立；在行为方面，民国政府旨在使我国的南海领土范围确定化，对划线进行公告、出版《南海诸岛位置图》，在四个群岛周围标绘11条断续国界线的行为并未违反国际法的相关规定。越南在1945年9月2日，菲律宾于1946年7月4日，马来西亚于1957年8月31日，文莱于1984年1月1日先后独立。从这些国家独立的时间点以及独立前后的内国法及政策看，它们并未采取类似中国的法律行为对南海诸岛提出主权要求。

（二）符合二战后南海诸岛归属的条约

二战后日本战败，首先，根据《开罗宣言》"三国之宗旨，在剥夺日本自1914年第一次世界大战开始后，在太平洋上所夺得或占领之一切岛屿，及日本在中国所窃取之领土，如东北四省台湾澎湖列岛等归还中华民国"。其次，《旧金山对日和约》规定：日本放弃对台湾及澎湖列岛的一切权利、权利根据及要求；日本放弃对南威岛及西沙群岛之一切权利、权利根据与要求。再次，《中华民国与日本国间和平条约》第2条规定：日本国业已放弃台湾及澎湖群岛以及南沙群岛及西沙群岛之一切权利、权利名义与要求。（对于民国政府这一时期的行为，应该给予重新关注，中华人民共和国政府对民国政府的继承应该是一个渐进的过程。时间点可以考虑联合国第2758号决议通过后，民国政府代表退出联合国这一日期。）

根据上述国际条约和协议,当时的国民政府拥有对南海诸岛的主权。虽然《旧金山和约》中只是说"日本放弃对台湾及澎湖列岛的一切权利、权利根据及要求;日本放弃对南威岛及西沙群岛之一切权利、权利根据与要求",并没有明确表示放弃后将权利移交给谁,但是从国民政府当时收回台湾及澎湖列岛主权可以看出:日本放弃的南海权利也应是由当时的民国政府接管。而且,《中华民国与日本国间和平条约》中也明确了这一权利的移交。

(三)当时周边各国并未反对

中国政府于1934年12月21日,召开水陆地图审查委员会第25次会议,审定了中国南海各岛礁的中英文地名,第二年1月出版的《水陆地图审查委员会会刊》第1期公布了已审定的135个南海诸岛群体和个体名称。1935年4月,中国政府水陆地图审查委员会出版了《中国南海各岛屿图》,这是中国政府首次以官方名义出版南海海域地图。1948年民国政府内政部方域司正式出版了由傅角今主编、王锡光编绘的《中华民国行政区域图》,及附图《南海诸岛位置图》。

首先,在正式公布了南海主权范围后的很长一段时间,周边国家都未提出反对意见。甚至到1958年第一次联合国海洋法会议通过公约后近10年的时间里,越南也没有对中国行使南海主权表示异议。其他许多国家的地图也认同了中国对南海的划界。

其次,禁止反言原则。这个原则的核心内容是指:任何能够代表国家身份说话的人,比如:国家元首、政府首脑和外交部长等,如果曾经就国家之间的某个重要问题或涉及他国重大利益的问题,发表过声明或正式讲话或以其他任何正式的形式进行过表态等,那么这些声明、讲话或表态便具有永久国际法的效力,不得因随后的情势变化而反悔或不承认。1958年9月4日,中国政府发表《关于领海的声明》,其中除了重申包括西沙群岛和南沙群岛在内的诸多岛屿属于中国领土之外,还规定了这些岛屿拥有从领海基线测量起宽度为 12 海里的领海。当时的越南总理范文同随后向中国总理周恩来发出公函,表示承认和赞成中国这一声明。除此之外,1956 年越南外交部官员在外交场合也曾经承认西沙群岛和南沙群岛在宋朝就属于中国。

（四）民国政府划定行为并未违反国际法

中国南海断续线的法律地位,早在以《联合国海洋法公约》为代表的现代海洋法律制度的确立和进一步发展之前就已经产生并得到公认,新海洋法律制度的确立不能否定一个国家既有的权利。民国政府划定 11 条断续线的行为早于公约,根据法不溯及既往原则,新的海洋法公约无权变更之前已经确定的海洋归属事实。

中国划定断续线的时候,现代国际海洋法律制度并未建立。这一时期正是新兴独立民族国家开始形成并固定海洋范围、主张海洋权利的时代。即使是早就独立的美国和南美洲国家也才开始提出单方面的海洋权利主张,比如 1945 年美国的《大陆架公告》,南美国家要求的 200 海里领海权等（这些国家尚且在此时才提出海洋权利主张,更何况曾经是殖民地或者半殖民地的南海周边国家）。这些单方面的主张也有被后来的海洋法公约所吸收并被确立为国际公认的海洋法律制度。因此,依照 20 世纪 40 年代末的国际法,中国南海的 11 条断续线同样具有类似大陆架法律制度的一个先例,同样也应该属于南海区域国际法的一个内容。

我建议:我们在未来谈判中,必须坚持南海断续线的有效性。其理由:

第一,无论从国际法还是国内法来说,断续线具有合法性。

第二,从政治角度考虑,也必须坚持断续线的有效性。作为民国政府的合法继承者,中华人民共和国政府有义务与责任坚守,否则,将留下骂名。

三、南海"断续线"的法律地位

对于南海断续国界线的法律地位,我国学者有自己的阐释。

中国台湾学者认为中国在南海划出的这一"U形线"是"针对1945年杜鲁门宣言公开以后,因应世界潮流而作出之反应。""U形线内之岛屿、岩块及低潮高地,均为中国领域主权所及之领土。因此,U形线至少为中国岛屿归属线。""U形线内之水域为一特殊之历史性水域,其权利主张基础为中国在此海域中之'历史利益'。""U形线内水域包含两种性质者,一为各群岛以直线基线围成之'群岛水域';二为以传统权利利益为取向之'历史性水域'。""U形线为一中国与南海邻国权利利益空间之区隔线。""U形疆界线乃尚未完全确立细节之历史性水域外界线。"[①]中国内政部在南海标出的U型疆界线属中国在南海的"历史性水域"与《海洋法公约》所称"群岛国家"的"群岛水域"类似。

大陆学者认为,南海断续国界线说明了以下几点:第一,线内划定了南海领土范围,法律性质是"主权",其范围不仅包括岛、礁、水下礁滩,也包括海域;第二,中国政府派兵驻守太平岛,表明中国对南沙群岛有实际控制;第三,中央政府要求海军和广东省政府对捕鱼等经济活动进行保护,体现了对海域的管辖;第四,对通过西南沙海域的外国船只未作任何限制。从以上可以看出,断续国界线的内涵是非常清楚的。断续国界线划在我国岛礁和邻国国土的中间位置上,按当时的国际惯例是公允的。线的划法采用断续国界线形式,不仅表明了海域的划分,

---

① 傅昆成:《南(中国)海法律地位之研究》,中国台湾,123资讯出版社1995年版,第45页。

也为实际勘界时留有调整的余地。断续国界线内的法律地位大致相当于大陆架、专属经济区。① 南海"9条断续线"的法律地位包含有几点："线内的岛礁及其附近海域都是中国领土的组成部分,中国对线内的岛礁滩洲拥有历史性所有权。""线内原来的国际航道保持畅通,尊重国际航道的自由航行权利。"②

可见,台海两岸学者对南海断续国界线都有阐述,其中最重要的共同点是,这条断续线是中国对包括南沙群岛在内的南海诸岛岛屿、沙洲、岩礁、暗滩等享有领土主权,对这些岛屿、沙洲、岩礁、暗滩附近的水域享有其他主权权利;这条线将中国与越南、菲律宾、马来西亚等国在南海的权益分隔开;中国在断续国界线内还享有历史性权利;断续国界线内的国际航道仍然畅通,他国有在国际航道航行的权利;断续线为我国拥有南沙群岛领土主权和在未来划定南沙群岛的领海、毗连区、专属经济区、大陆架提供了法律依据;这条断续国界线不仅得到国际社会的承认,而且自称与南沙群岛利益相关的其他当事国也曾经承认或默认,因此,中国必须坚持这条断续线所具有的法律意义。

第六节　中国对南沙群岛享有"历史性所有权"

一、国际法中的"历史性所有权"

国际法中关于历史性所有权制度是我国对南沙群岛享有领土主权的重要法理依据,因此,有必要对该问题进行探讨。

历史性权利在判定领土归属问题上,1958年《领海与毗连区公约》

---

① 许森安:《南海断续国界线的内涵》。

② 李金明:"南海'9条断续线'及相关问题研究",载《中国边疆史地研究》2001年第2期,第16页。

和 1982 年《联合国海洋法公约》中有明确规定,而且在国际实践中也得到了证明。

1958 年联合国第一次海洋法会议通过的《领海与毗连区公约》中明确写有"历史性所有权"和"历史性海湾"。其中第 7 条第 6 款规定:"上述规定应不适用于'历史性海湾',并不适用于采用第 4 条所规定的直线基线办法的任何情形。"第 12 条第 1 款规定:"如果两国海岸彼此相向或相邻,两国中任何一国在不能达成相反协议的情形下,均无权将其领海延伸至一条其每一点都同测算两国中每一国领海宽度的基线上最近各点距离相等的中间线以外。但是,如果因为历史性所有权或其他特殊情况而有必要按照与本款规定不同的方法划定两国领海的界限,本款的规定不应适用。"在划分领海界线时,公约将历史性所有权作为例外,表明公约肯定了相关国家可以根据具体情况对某一片海域拥有历史性权利。

1982 年的《联合国海洋法公约》中,多处规定了历史性权利条款。公约第二部分"领海和毗连区"第二节"领海的界限"中第 10 条"海湾"第 6 款规定:"上述规定不适用于所谓'历史性'海湾,也不适用于采用第 7 条所规定的直线基线法的任何情形。"第 15 条"海岸相向或相邻国家间领海界限的划定"规定:"如果两国海岸彼此相向或相邻,两国中任何一国在彼此没有相反协议的情形下,均无权将其领海延伸至一条其每一点都同测算两国中每一国领海宽度的基线上最近各点距离相等的中间线以外。但如因历史所有权或其他特殊情况而有必要按照与上述规定不同的方法划定两国领海的界限,则不适用上述规定。"公约第十五部分"争端的解决"第三节第 298 条第 1 款(a)(1)规定:"关于划定海洋边界的第 15、第 74 和第 83 条①在解释或适用上的争端,或涉

---

① 《联合国海洋法公约》第 74 条是关于"海岸相向或相邻国家间专属经济区界限的划定";第 83 条是关于"海岸相向或相邻国家间大陆架界限的划定"。涉及《联合国海洋法公约》内容,均参见海洋出版社 1996 年版的《联合国海洋法公约》(中英文对照本)。

及历史性海湾或所有权的争端,但如这种争端发生于本公约生效之后,经争端各方谈判仍未能在合理期间内达成协议,则作此声明的国家,经争端任何一方请求,应同意将该事项提交附件五第二节所规定的调解;此外,任何争端如果必然涉及同时审议与大陆或岛屿陆地领土的主权或其他权利有关的任何尚未解决的争端,则不应提交这一程序。"

在联合国的一些专门机构如国际法委员会、联合国秘书处的会议或文件中,也肯定了"历史性所有权"在海洋或陆地领土划界中的法律地位。在1956年召开的联合国国际法委员会第8届会议上通过了《海洋法条款》,其中第7条第4款规定了"历史性海湾"的法律地位。联合国秘书处分别在1957年、1962年提出了两份关于"历史性海湾"和"历史性水域(包括历史性海湾)"的法律制度文件。其中明确规定了国家有权对"历史性海湾"和"历史性水域"拥有"历史性所有权"。构成"历史性所有权"有三个条件:该国对这一片海域行使权力;这种权力的行使是连续的;而且这种权力得到了外国的默认。

在国际社会的实践中,将历史利益、历史性权利纳入划界协定或条约的例子很多。1982年国际法院关于突尼斯—利比亚大陆架划界案中,国际法院认为:"'历史性所有权'应受到尊重,而且保留其长期运用的原貌。在这一方面,可以回忆当1958年海洋法会议有机会考虑这个问题时,它通过了一项决议,即'历史性水域'制度。这项决议被附在'最后文件'中,要求大会研究这一问题。1959年,大会通过一项决议,要求国际法委员会着手研究'历史性水域'的法律制度,包括历史性海湾。国际法委员会还未这样做。在第三次海洋法的公约草案中也没有任何关于'历史性水域'制度的规定,既没有确定概念的定义,又没有对'历史性水域'和'历史性海湾'的法律制度的详尽阐述。但是,它以一种对草案中的规定保留的形式,提到了'历史性海湾'、'历史性所有权'和'历史性原因'。看来很清楚,这一问题仍然受一般国际法支配。一般国际法没有为'历史性水域'或'历史性海湾'规定单独的制度，而只是为每一个具体的、公认的'历史性水域'或'历史性海湾'的案件做了'规定'。显然，事实是，基本上可以说，'历史性所有权'或'历史性水域'的概念，是由国际习惯法中不同的法律规章支配的。第一种规章制度以获得和占领为根据，而第二种规章制度则以'根据事实本身和自始就有'的权利的存在为根据。毫无疑问，两者有时可能部分地或全部地巧合，但这种巧合只是偶然的。如同突尼斯的情况，它的捕鱼区包括其大陆架的入口处，虽然仅此而已。有可能突尼斯的历史性权利和所有权与专属经济区概念有更加密切的联系，但是突尼斯并没有选择把自己的要求建立在这个概念的基础上。"[1]从国际法院以上的论述中，我们可以清楚的是，国际法院事实上是承认"历史性所有权"或"历史性权利"的。根据国际法院规约的第 38 条，中国在维护对南沙群岛领土主权问题时，完全可以引述国际法院对"历史性所有权"的阐述。

1998 年厄立特里亚与也门关于红海中岛屿归属的争端仲裁案中也涉及"历史性所有权"问题。也门对红海中有争议的岛屿的领土主权主张追溯到公元 6 世纪也门古国时期。自那时开始，也门就对这些岛屿进行行政管辖和实际控制，因此也门拥有"原始的"、"历史性的"、"传统"的所有权。厄立特里亚则主张，从 19 世纪后期意大利对其殖民统治开始，意大利对沿岸的各岛屿进行了积极的控制和管理，殖民当局还对外发放岛屿开发许可证。这些均未受到奥斯帝国的任何阻挡，当时也门也从未对这些岛屿提出主张或在这些岛屿上有实际存在。争议双方都对争议岛屿提出历史性权利主张。仲裁庭在审查了双方的主张和提出的依据后认为："毫无疑问，历史性所有权的概念对于在当今

---

[1] 许森安主编：《国际海域划界条约集》，海洋出版社 1989 年版，第 270 页。

世界里可以存在的情势具有特殊影响。""对那些不被主张为历史性水域范围之内的无人居住的岛屿而言,存在着不同的情况。"因此,"对于本案任何一方都没有形成具有以下效力的权利主张,即争议岛屿位于其历史性水域之内。""在许多世纪存在有关红海南部海洋渔业资源的传统开放性所提供的条件,其作为从红海一边至另一边的无限制交通手段所发挥的作用,以及两岸人民对这些岛屿的共同使用,均能够成为创设某些'历史性权利'的重要因素,所创设的权利通过一个历史性巩固的过程作为一种不具有领土主权的'国际地役'而有利于当事双方。这些历史性权利提供了足够的法律基础,以维持存在了几个世纪的有利于红海两岸人民的共有物的若干方面。"[1]从该仲裁案的裁决看,仲裁庭承认在国际法上存在有"历史性所有权"。

此外,国际社会在关于"历史性所有权"的实践中,还有许多案例,如1917年萨尔瓦多与尼加拉瓜关于封塞卡湾争端案、1951年的英国与挪威渔业案、1974年印度与斯里兰卡签订的"关于两国历史性水域的疆界及有关事项的规定"、1977年英国与法国关于海峡群岛归属的争端案,以及法国、英国、加拿大、美国、苏联、汤加等国家都不同程度地主张了"历史性海湾"、"历史性水域"、"历史性所有权"。

一些世界著名的国际法学家,也发表文章阐释"历史性权利"。查尔斯·德·维歇在一篇名为"历史性权利的巩固"的文章中指出:"已经得到证明的长期使用,作为它(历史性权利)的基础,仅是各种利益和关系的一种综合,而这些利益和关系本身是具有将一块领土或一片海洋归属某一特定国家的效果的。法官具体地判定历史性权利的巩固的存在或不存在所要直接加以考虑的,是因情况不同而不同的各种利益和关系,而不是一定时间的消逝,而一定时间的消逝是国际法无论如

---

① Eritrea-Yemen Arbitration Award, para. 123, para. 126.

何所未规定的。""在对法庭适用以解决领土争端的准则所做的重要研究中,穆克曼除其他外列举如下:……经济、历史因素。"①美国国际法学家海德认为,历史性水域"同提出权利要求的国家相毗连"具有重要意义。苏联学者认为:"国家对这一水域长时期行使着权力,并且大多数国家对将这一水域的任何地区宣布为历史性水域没有提出过异议",这是历史性水域所特有的要素。布切认为,"历史性水域"与一般适用的国际法规则相反,"是沿海国明确地,有效地,连续地和长期地行使主权,并为国际社会所默认的水域。"美国国务院在"关于历史性海湾的立场"的声明中指出:"为符合制定该主张的国际标准,该国应该说明:沿海国对该海湾行使权利是公开的、众所周知的和有效的;该权利的行使是连续的;该权利的行使行为为外国所默认。"②布卢姆认为:"'历史性权利'一词表示一个国家对某一陆地或海洋区域的占有,所依据的权利并不通常来自国际法的一般规则,而是该国通过一个历史性巩固的过程所取得的。""历史性权利是一个长期过程的产物,在该过程中包含了一系列长期的作为、不作为以及行为状态,其整体,并通过其积累性的效果,可以产生历史性权利,并进一步使它们得到巩固,使其成为国际法上有效的权利。"或者说,"一国针对一个或一个以上的其他国家通过有效行使这些权利,并得到有关国家的默示承认而取得的那些权利。"③可以说,国际法学家已经充分认识到了"历史性所有权"的存在,而且对国家如何拥有历史性所有权进行了详尽的论述。

　　① 　[英]詹宁斯、瓦茨修订:《奥本海国际法》第 1 卷第 2 分册,中国大百科全书出版社 1998 年版,第 90—91 页。

　　② 　Gary Knight, *Law of the Sea: Case, Documents and Readings*, 1980, pp. 5-90.

　　③ 　Yehuda Blum, *Historic Titles in International Law*. The Hague: Matinus Nijhoff, 1965. pp. 247-248.

二、中国对南沙群岛的"历史性所有权"

《领海及毗连区公约》与《联合国海洋法公约》中的有关"历史性权利"、"历史性海域"、"历史性所有权"条款同样适用于中国的南沙群岛及其附近水域。国际社会关于"历史性海域"、"历史性所有权"、"历史性权利"的实践和国际法学家的相关论述更进一步证实了中国对南沙群岛拥有历史性所有权或历史性权利的合法性。

正是由于以上的国际法规则和有国际实践，中国政府通过相关法律对南沙群岛的法律地位加以确定。早在1958年《领海及毗连区公约》签署时，中国政府就公布了《关于领海的声明》。声明中的第4条规定："以上（二）（三）两项规定的原则同样适用于台湾及其周围各岛、澎湖列岛、东沙群岛、西沙群岛、中沙群岛、南沙群岛以及其他属于中国的岛屿。"①

进入20世纪90年代，受《联合国海洋法公约》的影响，中国政府先后颁布《中华人民共和国领海及毗连区法》和《中华人民共和国专属经济区和大陆架法》，再次确定了中国对南沙群岛拥有的领土所有权。

1992年2月25日第七届全国人民代表大会通过并实施的《中华人民共和国领海及毗连区法》第2条规定："中华人民共和国领海为邻接中华人民共和国陆地领土和内水的一带海域。中华人民共和国的陆地领土包括中华人民共和国大陆及其沿海岛屿、台湾及其包括钓鱼岛在内的附属各岛、澎湖列岛、东沙群岛、西沙群岛、中沙群岛、南沙群岛以及其他一切属于中华人民共和国的岛屿。中华人民共和国领海基线向陆地一侧的水域为中华人民共和国的内水。"②

---

① 吴士存主编：《南海问题文献汇编》，海南出版社2001年版，第51页。
② 《中华人民共和国海洋法规选编》，海洋出版社1998年版，第4页。

1996 年 5 月 15 日，全国人民代表大会常务委员会通过《关于批准〈联合国海洋法公约〉的决定》中第 1、2、3 条分别规定："按照《联合国海洋法公约》的规定，中华人民共和国享有二百海里专属经济区和大陆架的主权权利和管辖权。""中华人民共和国将与海岸相向或相邻的国家，通过协商，在国际法的基础上，按照公平原则划定各自海洋管辖权界限。""中华人民共和国重申对 1992 年 2 月 25 日颁布的《中华人民共和国领海及毗连区法》第 2 条所列各群岛及岛屿的主权。"①同时通过的《中华人民共和国政府关于中华人民共和国领海基线的声明》规定："中华人民共和国政府根据 1992 年 2 月 25 日《中华人民共和国领海及毗连区法》，宣布中华人民共和国大陆领海的部分基线和西沙群岛的领海基线。"对于没有公布的领海基线，该声明专门规定："中华人民共和国政府将再行宣布中华人民共和国其余领海基线。"②

特别应注意的是 1998 年 6 月 26 日全国人民代表大会常务委员会通过的《中华人民共和国专属经济区和大陆架法》，其中第 14 条规定："本法的规定不影响中华人民共和国享有的历史性权利。"③

1947 年中华民国政府划出 11 条断续国界线，将我国在南海海域的历史性权利用这种未定国界线的形式固定下来。我国著名的海洋法学专家周忠海教授结合国际法、国际惯例和现代海洋法，认为，中国在南海的历史性权利法律地位包含以下几点：断续国界线内的所有岛礁、沙洲、沙滩的主权归属中国；各群岛的直线基线之内侧水域应为中国之内水，但因南沙群岛位于国际航道要冲，故应不妨碍其他国家的过境通行权；中国对南海海域的上覆水域、海床及底土的一切自然资源，包括

① 《中华人民共和国海洋法规选编》，海洋出版社 1998 年版，第 3 页。
② 同上书，第 8、10 页。
③ 吴士存主编：《南海问题文献汇编》，海南出版社 2001 年版，第 187 页。

生物资源和非生物资源的主权权利；在中国的内水线之外海域，其他国家继续享有航行、飞越、铺设海底电缆和管道等自由，以及与这些自由有关的海洋其他国际合法用途。①

第七节　国际社会对中国享有南沙群岛领土主权的承认

一、国际条约的承认

　　1943 年中美英三国发表《开罗宣言》，明确承认："三国之宗旨……在使日本所窃取的中国领土，如满洲、台湾、澎湖列岛等，归还中华民国。"②自第一次世界大战以后，日本窃取了大量中国领土，其中包括南沙群岛。日本在侵占我南沙群岛后，将其改名为"新南群岛"，并置于台湾高雄行政管辖之下，因此，《开罗宣言》中提及将"满洲、台湾、澎湖列岛等，归还中华民国"，自然就应该归还南沙群岛。1945 年 7 月中美英三国签署《波茨坦公告》又重申："《开罗宣言》之条件必将实施，而日本之主权必将限于本州、北海道、九州、四国及吾人所决定其他小岛之内。"③

　　1951 年 9 月 8 日在旧金山缔结了对日和平条约。该条约第 2 条（十）项中规定"日本国放弃对'新南群岛'，西沙群岛的权利、权利根据及要求。"④《旧金山和平条约》当然应与《开罗宣言》和《波茨坦公告》一致，因为它们都是为了处理日本发动的侵略战争问题。既如此，日本放弃对南沙群岛的"权利"后，只能是归还给中国。

---

① 参见周忠海：《论海洋法中的"历史性所有权"》。
② 《国际条约集》(1934—1944 年)，世界知识出版社 1966 年版，第 407 页。
③ 《国际条约集》(1945—1947 年)，世界知识出版社 1959 年版，第 77 页。
④ 《国际条约集》(1950—1952 年)，世界知识出版社 1959 年版，第 335 页。

1952 年 4 月 28 日,日本和中国台湾政府签署双边条约,该条约的第 2 条规定:"兹承认依照公历 1951 年 9 月 8 日在美利坚合众国旧金山签订之对日和平条约第 2 条,日本国已放弃对台湾及澎湖列岛以及南沙群岛及西沙群岛之一切权利、权利名义与要求。"台湾、澎湖列岛与包括南沙群岛在内的所有南海诸岛曾经被日本侵占,中国的台湾与日本签订双边条约规定日本放弃对这些岛屿的"权利、权利名义及要求"。由于中华民国政府曾经是反击日本侵略者的领导者,曾经是中国的合法代表;加之,当时日本与中华人民共和国政府没有相互承认,所以说,在日本放弃之后由中国台湾收回这些"权利、权利名义及要求"是有其法理依据的。而且也是符合《开罗宣言》、《波茨坦公告》的条款的。

在这里特别要论及的是,日本侵占我国南沙群岛后,将其命名为"新南群岛",并划归台湾管辖。

当时的日本侵略政府召开内阁会议,通过了将南沙群岛并入帝国领土编入台湾管辖的决议。1931 年 7 月 21 日台湾总督府第 31 号令将南沙群岛编入台湾高雄。1931 年台湾总督府第 32 号令规定南沙群岛的范围、名称:北二子岛、南二子岛、西青岛、三角岛、中小岛、龟甲岛、南洋岛、长岛、北子岛、南子岛、飞鸟岛、西鸟岛、丸岛。

1939 年 3 月 31 日,日本侵略政府完成了将南沙群岛并入台湾总督府的程序,定于 3 月 31 日正式对南沙群岛进行行政管辖,并由外务省正式对外公告。"对南沙群岛行使行政管辖的决定"内容如下:"南沙群岛是位于南中国北纬 7°—12°,东经 110°—117°范围内存在的小岛、礁群。""将南沙群岛并入台湾总督府。""南沙群岛行政、经济活动由台湾高雄州高雄市管理。3 月 31 日由外务省正式对外宣布了关于对南沙群岛行政管辖的决定。"

4 月 17 日,日本外务省发表了"南沙群岛的位置及现状"一文,公布了南沙群岛的位置和主要岛屿的名称:"南沙群岛自古以来已为人知,该群岛位于南(中国)海北纬7°—12°,东经110°—117°,法属印度支那与菲律宾群岛之间,群岛大部分属航行危险区。群岛由高潮进高出水面4尺至14尺、面积由165至364平方公里的沙洲、小岛组成。提到的主要岛屿名称有北二子岛、南二子岛、西青岛、三角岛、中小岛、龟甲岛、南洋岛、长岛、北小岛、南小岛、飞鸟岛、西鸟岛、丸岛等。

该群岛岛屿面积较小,长有灌木杂草,偶有柳树及其他大型林木。岛屿富藏磷酸质鸟粪及矿石,海域盛产鲔鲣、飞鱼、青海龟、高濑贝等海产。偶尔有中国人驾二三十吨渔船来此海域在各岛周围捕捞鱼、贝、海龟。"

从以上日本政府公布的名称和涉及的内容看,日本政府文件说"中国人驾船到这里捕鱼、捞参。"表明日本是承认中国人对南沙群岛的开发经营。为了完成对中国南沙群岛的侵占,特别根据中文名字对南沙群岛重新命名。显然,日本只字未提越南人、菲律宾人、马来西亚人或印尼人到这里捕鱼、捞参,也未根据越南文对南沙群岛重新命名。

1931年7月21日台湾总督府第31号令将南沙群岛编入台湾高雄。1931年台湾总督府第32号令规定南沙群岛的范围、名称。从公布的名称仍可看出,是借用了中文名称。

日本政府基于战略上的考虑,从5月23日起对南沙群岛进行行政调查,台湾总督府向群岛派遣职员,高雄警署也派了三名警察,采取了必要的行政管理。

8月11日,日本政府采取了以下对南沙群岛的统治方针:

①为实行名副其实的占领,对群岛实行有效的统治;

②加速群岛的开发;

③要求第三国国民及法领印支国民撤离,不撤离的要求遵守台湾法律;

④协调拉萨株式会社的开采权及垄断,加速开发。

日本侵略者的这些行为,客观上进一步加强了南沙群岛与中国台湾的密切联系,也为二战结束后,中国政府收回南沙群岛做了准备。

在预测到德国战败的 1943 年 11 月,美国总统罗斯福、英国首相丘吉尔,中国总统蒋介石举行了开罗会议,提出"开罗宣言","盟国的目的在于剥夺日本 1914 年第一次世界大战以后占领的一切太平洋岛屿,并将其侵占的满洲、台湾、澎湖及一切从清王朝盗取的地域归还中华民国,并将日本从一切占领的地域里驱逐出去。"关于南海诸岛的归属,开罗宣言中只在"从清王朝盗取的一切地域"中提及,这些地域显然包括南沙诸岛,而且日本 1933 年 3 月 30 日将南沙群岛并入台湾总督府管辖,那么,《开罗宣言》中所提及的"台湾"也就自然应该包括这些岛屿。

对于以上观点,日本政府后来的所作所为也给予了证实。1952 年由日本外务大臣冈崎博男亲笔签名推荐出版的《标准世界地图》①中"东亚图",把南沙群岛及其他三个南海群岛明确划入中华人民共和国国界线以内。1964 年由日本外务大臣大平正芳推荐出版的《世界新地图集》②第 19 图也有"南沙(中国)"的注明,表示南沙群岛属于中国。作为一个曾经侵占中国南沙群岛的国家外交部部长,如此明确承认,显然有其特殊的法律意义。外务大臣是日本国的行政代表,其所作所为当然应属于日本的国家行为,这些行为应负相应的国际法律责任。此外,其他日本出版的文献也承认中国对南沙群岛拥有领土主权。如,"中国的沿海线,北从辽东半岛起,至南沙群岛约 11000 公里。"③中国"除

---

①　《标准世界地图》第 15 图,(日本)全国教育株式会社 1952 年版。

②　《世界新地图》第 19 图,(日本)东京出版社 1964 年版。

③　日本中国研究所编:《新中国年鉴》(1966 年),东京出版社,第 114 页。

大陆领土外,有海南岛、台湾、澎湖列岛及中国南海上的东沙、西沙、中沙、南沙各群岛等。"①中国的领土"南到赤道附近的南沙群岛"。②

二、南沙群岛争端当事国的承认及其法律意义

越南在20世纪的50—60年代,多次承认中国对南沙群岛拥有领土主权。在1956年6月15日越南民主共和国副外长雍文谦和外交部亚洲司代司长黎禄会见中华人民共和国驻河内临时代表李志民时,雍文谦声明,"根据越南的资料显示,西沙群岛和南沙群岛应属于中国领土。"同时,黎禄也补充说,"西沙群岛和南沙群岛早在宋朝时就已经属于中国了。"③这是越南民主共和国关于南海诸岛的首次言论。中华人民共和国在1950年1月14日,越南民主共和国在1月18日给予了互相承认,此后中华人民共和国一直给予越南民主共和国以支援,从越南民主共和国与越南共和国及美国的对峙局面以及和中华人民共和国的连带关系来看,越南民主共和国也当然会承认中华人民共和国对南沙群岛的领土主权。

在我国1958年9月4日发表领海声明后两个多星期,越南政府总理范文同便致函我国总理周恩来,代表越南民主共和国政府表示承认和赞成中国关于领海的声明。信中指出:"越南民主共和国政府尊重这项决定,并将指示负有职责的国家机关,凡在海面上和中华人民共和国发生关系时,要严格尊重中国领海宽度为12海里的规定。"④就连越南的中学教科书都承认中国对南沙群岛的领土主权:"从南沙、西沙各

---

① 〔日〕《世界年鉴》(1972年),日本共同通讯社出版,第193页。

② 〔日〕《现代大百科辞典》第13卷,1973年版,第388页。

③ 陈荆和:"西沙群岛与南沙群岛——历史的回顾",《创大亚洲研究》1989年第10号,第53页。

④ 《人民日报》1958年9月22日第三版。

岛到海南岛、台湾、澎湖列岛、舟山群岛形成的弧形岛环,构成了保卫中国大陆的一道长城。"①越南中学教科书都如此承认,表明越南政府及其民众普遍对中国拥有南沙群岛领土主权不存在任何怀疑。

菲律宾政府、马来西亚政府、文莱政府虽然没有直接承认中国对南沙群岛拥有领土主权,但是许多资料显示,这些国家的政府间接承认了中国对南沙群岛的领土主权。

在法国侵占我琼南九小岛时,中国政府提出强烈抗议,并采取外交途径加以交涉,但是,当时的菲律宾当局却表示:"即不考虑该群岛是菲律宾之领海,复以该问题无关菲律宾之利益,由此菲律宾总督府亦不关心此事。"当时的菲律宾总督墨菲对此也不作表态,而且依据菲律宾的海岸测量处人员称,该岛位置在巴黎条约所规定的领海线之外200海里。② 菲律宾独立后,也明确承认该群岛不是其所有,菲律宾对其无主权要求。1956年,菲律宾政府的一个专门委员会在对南沙群岛法律地位进行讨论后确认:该群岛"并不处在菲律宾的领土范围以内"。③

1955年10月27日,国际民航组织在菲律宾的马尼拉召开太平洋地区飞航会议,包括菲律宾在内的几乎所有的太平洋国家都参加了这次会议,会上通过第24号决议,要求中国台湾当局加强南沙群岛气象台的高空气象观测,以便于国际飞行。通过决议时和通过决议以后,从来没有一国提出异议,表明菲律宾、马来西亚是默认和尊重中国在南沙群岛的领土主权的。另外,早在《开罗宣言》《波茨坦公告》通过及其以后,这些国家也没有对此提出异议。

为确保国际法律关系的稳定性,国际法上有一系列关于承认、默认

---

① [越]《普通学校九年级地理教科书》,"中国"部分,越南教育出版社1974年版。
② 《申报》1933年8月23日。
③ 《光明日报》1956年6月1日。

和禁止反言的规定。"无论一项权利多么不充分，……。承认就禁止承认了该项权利的国家在将来任何时候否定其承认的效力。"①承认对于领土取得的重要意义在于"当每一个提出领土要求的国家能表明对有争议的领土行使了一定程度的控制时，国际法庭对案件的判决就可能有利于能证明其权利曾得到另一个或数个提出要求国家的承认的那个国家。"②"在两国争端中，为了寻找更相对有力的权利，法庭自然而然地会考虑是否有一方当事国实际上已经承认过另一方当事国的权利或权利主张。"③

"默认"是指"对于某种通常要求作出明确反应以表明反对立场的情势保持沉默或未作出抗议。"④对于默认的法律意义，1923年美国最高法院一项判决中指出："为本法庭长期以来确立并从未受到怀疑的规则是，一国对另一国占有领土并行使主权和管辖权的长期默认确定了后者的权利和合法权威。"⑤

可见，承认、默认在领土主权争端中均有重要法律意义。越南对中国拥有南沙群岛领土主权是给予明确承认的。菲律宾、马来西亚、文莱对中国拥有南沙群岛的领土主权虽不是明确承认，但这些国家对中华民国派出军舰接收太平岛等南沙群岛、对于中国在1947年划出的断续国界线、对于《开罗宣言》、《波茨坦公告》的规定，等等，均未给予明确

---

① Legal Status of Eastern Green Land（Denmark-Norway），Georg Schwarzenberger，*International Law*，Vol. 1，Stevens & Sons，Limited 119 & 120 Chanery Lane，Law Publishers，1945，Appendix4，pp. 316-317.

② D. W. Greig，*International Law*，Second Edition，Butter Worths，London，1976，p. 148.

③ Lawrence B. Evans，*Leading Cases on International Law*，Second Edition，Chicago，Callaghan and Company，1922，p. 107.

④ R. Y. Jennings，*The Acquisition of Territory in International Law*，Manchester University Press，U. S. A. Ocean Publications INC，1961，p. 36.

⑤ Green Haywood Hackworth，*Digest of International Law*，Volume I，United States，Government Printing Office，Washington，1940. p. 436.

反对,不反对就是沉默,沉默就应视为默认,也就是默认中国对南沙群岛享有领土主权。

承认、默认还引出另外一个法律原则——禁止反言。"承认在作出这种单边声明的国家和被承认国之间引起禁止翻供。"①"有理由认为,任何法律体系都应接受这样一条规则,即一个人作出或赞同一项声明,而与其有关的另一个依据这项声明改变了自身的地位,则应禁止前者就有关情势作出不同的声明。"②在国际法上,也如此:"一个国家基于善意和公正的要求,对于任何一个具体的事实情况或法律情况,应当采取前后一致的法律立场,以免其他国家由于它前后不一致立场而遭到损害。所以,如果一个国家对某一具体问题已作出一个表示或行动,并且其他国家因信赖其表示或行动而对该国承担义务或予以权利或利益时,该国即不得采取与其以前的表示或行动相反的法律立场。对于这种与以前的表示或行动相反的法律立场,其他国家可以反对,国际法院和仲裁庭应予驳斥。"国际法院和仲裁庭还经常引用罗马法的法律格言:矛盾的主张不予听取、任何人不得改变其目的而损害他人、任何人不得通过自己的侵害行为而取得利益、作出与自己行动相反的主张是无效的。③ 禁止反言研究意味着:"曾经承认另一国对特定领土的权利的国家,将不得否认另一国的权利。"④

① Legal Status of Eastern Green Land (Denmark-Norway), Georg Schwarzenberger, *International Law*, Vol. 1, Stevens & Sons, Limited 119 & 120 Chanery Lane, Law Publishers, 1945, Appendix4, p. 317.

② R. Y. Jennings, *The Acquisition of Territory in International Law*, Manchester University Press, U.S. A. Ocean Publications INC, 1961, p. 41.

③ 李浩培:《条约法概论》,法律出版社1988年版,第596—597页。转引自张文彬:"中国及有关国家关于南沙群岛归属的法理依据之比较研究",载《法学家》1996年第2期,第3—13页。

④ D. W. Greig, *International Law*, Second Edition, Butter Worths, London, 1976, pp. 148-149.

在国际法院对东格陵兰案的判决中,法官指出:挪威曾在许多双边或多边条约中承认格陵兰是丹麦的殖民地。挪威外交大臣艾赫伦在1919年给丹麦公使的信中也曾承诺不反对丹麦对整个格陵兰的主权要求。外交大臣是代表国家的,他的信应视同挪威政府的保证。因此,挪威已承认丹麦对格陵兰拥有主权。挪威不得翻悔。

在阿根廷与智利边界仲裁案中,仲裁庭认为"禁止反言"不仅是举证规则,而且是国际法的一个实在法规则。法庭引用了国际法院副院长阿尔法罗在隆端寺案中所说:"在国际诉讼中,当事国一方的诉讼要求与它先前所作所为与态度有抵触时,它必须受先前的行为与态度的约束。"

总之,越南、菲律宾、马来西亚等国过去已经承认中国对南沙群岛拥有领土主权,这种承认或默认已经具有相应的法律效力,而这些国家出尔反尔,已构成对"禁止反言"规则的破坏,它们应该承担相应的国际法律责任。

三、其他国家的承认

二战以后的对日和约当然必须处理与日本相关联的众多领土问题,美、英、中、苏对此负有明确的责任,这些责任来自于《开罗宣言》、《雅尔塔协定》、《波茨坦公告》中的有关规定。

在这些规定中,对从中国分离出去的领土,应无可争议地确认为中国即现在的中华人民共和国的权利,应无条件的返还中华人民共和国。

关于美英对日和约草案领土部分,苏联代表团认为被日本军国主义分子分割出去的台湾、澎湖、西沙群岛以及其他的岛屿,都是中国领土不可分割的部分,应无条件返还中国,但是该草案却严重损害了中国的权利。草案中只规定日本放弃对这些领土的权利,故意不提及这些领土的归属意欲上述地区不确定,其实质是美国希望通过和平条约将对上述地区的占领长期化、合法化。这些土地必须还给他的主人,即中华人民共和国。

苏联在对草案提出严厉批评的同时,针对草案提出以下修正:"日本对中国不可侵害的领土即因日本占领被从中国分割出去的台湾、澎湖、西沙群岛及其接近的诸岛东沙群岛、中沙群岛及包括南威岛在内的南沙群岛放弃权利、权原及请求权,确认中华人民共和国对此拥有完全的主权。"①苏联政府还专门照会我国政府,表示完全支持中国关于领海的声明。苏联国内的舆论也纷纷支持中国对南沙群岛拥有主权的立场。

1971 年英国驻新加坡一位高级专员说,南威岛(南沙群岛中第四大岛,位于南沙群岛南部)是中国属地,为广东省的一部分……。在战后归还中国。我们找不到曾被任何国家占有的任何迹象,因此,只能作结论说,它至今仍为共产党中国所有。②

就连南海近邻印度尼西亚也承认南沙群岛属于中国。印度尼西亚外交部部长马利克在 1974 年 2 月 4 日,对记者发表谈话声明,中国对南沙群岛和西沙群岛拥有主权。"如果我们看一看现在发行的地图,就可以从图上看到帕拉塞尔群岛(西沙群岛)和斯普拉特利群岛(南沙群岛)都是属于中国的,而且从未有人对此提出抗议。"泰国曼谷《每日新闻》在 1974 年 2 月 6 日以"印度尼西亚的观点"为题发表评论说:"印尼外长说,至于印尼政府则认为基于印尼政府承认中华人民共和国为中国唯一政府,因此认为南沙群岛是属于中国的领土。展开目前广泛发行的地图观之,显然,西沙群岛和南沙群岛都是属于中国的领土,这是无可辩驳的事实。印尼外长以上的谈话,肯定是严重地击中了

---

① 《人民日报》1951 年 9 月 9 日第 1—4 版。
② 香港《远东经济评论》,1973 年 12 月 31 日,第 39 页。

南越的要害,因为,南越的声称西沙群岛与南沙群岛是南越之说,最低限度,已为东南亚最大国家之一的一个国家所公开地提出反对。"①

美国一位参议员迈克·曼斯菲尔德在 1974 年 4 月也明确指出:"这里包括目前台湾、日本和中华人民共和国发生争执的尖阁群岛(钓鱼岛)、斯普拉特利岛(南沙群岛)和帕拉塞尔群岛(西沙群岛)等岛屿,对所有这些岛屿,中华人民共和国都提出了主权要求,根据历史前例来看,他们对所有这些岛屿的要求都是很有理的。"②

朝鲜政府也多次发表声明,支持中国对南沙群岛拥有领土主权的立场,严厉谴责南越政府企图侵占中国南沙群岛的阴谋。另外,罗马尼亚、捷克、保加利亚、匈牙利、东德、蒙古等国也多次发表声明,支持中国对南沙群岛领土主权的立场和中国的领海声明以及我国外交部发表的关于南海诸岛主权的声明。

直到 20 世纪 90 年代,国际舆论仍然发表文章支持中国对南沙群岛拥有领土主权。这些舆论认为:"中国可以拿出非常有力的历史理由来支持它对南中国海的岛礁的领土要求。"③"中国的态度是可以理解的,即是历史上中国对领土的一贯态度,东南亚诸国并没有忘记郑和下西洋的意义。"④"菲律宾、马来西亚和文莱对于斯普拉特利群岛(南沙群岛)的领土要求,主要是依据对不断修改的海洋法的单方面的解释,缺乏中国的那种历史性依据。"⑤就连菲律宾自己出版的报纸也认为中国对南沙群岛拥有主权持有充分的根据,而"菲律宾对南沙群岛的领土要求'缺乏历史根据'"。⑥

---

① 转引自韩振华:《我国南海诸岛史料汇编》,东方出版社 1988 年版,第 553 页。
② 同上书,第 557 页。
③ [澳]《悉尼先驱晨报》1995 年 6 月 30 日。
④ [马来西亚]《星洲日报》1992 年 12 月 24 日。
⑤ [英]《生存》杂志 1995 年夏季刊。
⑥ [菲律宾]《商业新闻》1987 年 12 月 3 日。

　　世界各国的承认与支持中国对南沙群岛享有领土主权,不仅具有重要的政治意义,而且还具有重要的法律意义。正如《奥本海国际法》一书的作者指出:"在现代法律中,关于领土权利的取得,还应考虑另一个因素。……取得所有权的方式和根源的传统系统如何经过一段时期,发展成为所有权的巩固的一个更加完善的系统,包含着各种不同因素和考虑以及实际占有的相互作用。一个最重要的新因素是国际社会对一定情形的态度,部分地由于承认的程序,但也通过联合国表达出来。""显然在所有权的历史性巩固的过程中以及在确定联合国对使用武力以达到领土主张的地位中,国际社会的意见和意志不能不是一个相当重要的因素。"①奥本海已经将国际社会的态度作为解决国际边界争端时应该考虑的重要因素来对待。这对中国在维护南沙群岛领土主权方面无疑是一个重要的法律支持。国际社会,包括南沙群岛争端当事国和与南沙群岛曾经有过密切联系的国家如法国、日本、美国等均不同程度地承认或默认中国对南沙群岛享有领土主权。

---

　　①　[英]詹宁斯、瓦茨修订:《奥本海国际法》第1卷第1分册,中国大百科全书出版社1998年版,第94—95页。

第五章　越南、菲律宾、马来西亚、文莱对南沙群岛的"权利主张"与抗辩

南沙群岛领土主权争端,涉及五国六方,其中越南和中国对整个南沙群岛提出领土主权要求,菲律宾、马来西亚、文莱也不同程度地对部分岛屿提出领土主权要求。近年,中国大陆和台湾在对待南沙群岛争端的态度上也出现分歧。说南沙群岛领土争端是当今世界上最为复杂的国际领土主权争端,一点也不过分。南沙群岛蕴藏的丰富石油和其所具有的重要战略地位,使得各争端当事方都不会轻易放弃自己的主张,加之,一些大国的插手,更增加了争端解决的难度。

要提出解决方案,首先需要做一些基础性工作。本章对南沙争端当事方的权利主张及法理依据逐一分析评述,从而得出结论:中国对南沙群岛拥有不可争辩的领土主权。

第一节　越南对南沙群岛的"权利"主张及其抗辩

越南主张对整个南沙群岛和西沙群岛享有"主权",这可以从以下由越南政府发表的声明和颁发的文献中了解到。

1977年5月12日,越南颁发了《关于越南领海、毗连区、专属经济区和大陆架声明》,该声明规定了越南享有12海里的领海,24海里的毗连区,200海里的专属经济区和大陆架。其中第5条特别规定,"领海以外的属于越南领土的岛屿和群岛,都拥有本声明第1条、第2条、

第 3 条和第 4 条所规定的自己的领海、毗连区、专属经济区和大陆架。"①在该声明中,越南只是概括性地表明自己拥有的领海、毗连区、专属经济区及大陆架,没有明确指出中国的西沙群岛和南沙群岛是属于越南的领土。但是,在 1979 年 8 月 7 日的《越南对黄沙群岛和长沙群岛之声明》的第 1 条规定:"黄沙群岛(西沙群岛)和长沙群岛(南沙群岛)是越南领土之一部分。"②这就第一次明确把属于中国的西沙群岛和南沙群岛纳入自己的版图。

1982 年 11 月 12 日,越南政府又发表了《关于越南领海基线的声明》,第 4 条规定:"测算黄沙群岛和长沙群岛③领海宽度的基线将按照 1977 年 5 月 12 日越南社会主义共和国政府声明的第 5 段,在一份即将拟订的文件中加以确定。"④越南不仅发表声明,声称对中国的西沙群岛和南沙群岛拥有"主权",而且在 1987 年 2 月 12 日,其常驻联合国代表《关于长沙群岛的节略》中指出:"依据秘书长 1983 年 2 月 23 日的 C. N. 7. 1983 Treaties—1 号以及 1984 年 5 月 22 日的 C. N. 104. 1984 Treaties—3 号的交存照会,1982 年《联合国海洋法公约》签署国及批准国菲律宾共和国宣称其对自称为卡拉延(Klayan)群岛拥有主权。另外依据秘书长 1985 年 6 月 12 日的 C. N. 171. 1985 Treaties—12 号,中华人民共和国同样地将菲律宾称之为卡拉延群岛宣称为南沙群岛的一部

---

① 海洋国际问题研究会编:《中国海洋邻国海洋法规和协定选编》,海洋出版社 1984 年版,第 117—119 页。

② 陈鸿瑜编译:《东南亚各国海域法律及条约汇编》,中国台湾三民书局 1997 年版,第 242 页。另参见吴士存主编:《南海问题文献汇编》,海南出版社 2001 年版,第 211—212 页。

③ 根据我国专家考证,越南所谓的黄沙群岛和长沙群岛,实际上是越南理山岛北部的小岛和外罗海中的小岛、沙洲,而并非像越南所说的是中国的西沙群岛和南沙群岛,但是,越南强词夺理,坚持认为中国的西沙群岛和南沙群岛是他们的领土。

④ 海洋国际问题研究会编:《中国海洋邻国海洋法规和协定选编》,海洋出版社 1984 年版,第 120 页。

分,为中国领土。上述提及的所谓卡拉延群岛或南沙群岛,事实上是经常为越南社会主义共和国主权管辖的长沙群岛。"①

另外,越南还在1979年9月28日和1982年1月8日两次分别发表了"越南对黄沙群岛和长沙群岛拥有主权"与"黄沙群岛和长沙群岛越南领土"的白皮书。1988年4月,又发表"黄沙群岛和长沙群岛与国际法",该文举出17世纪以来越南官方记录、地图和殖民地文件,共19份,企图说明越南是第一个对南沙群岛进行测量、勘探、占领、宣布所有和运用"主权"的国家。

从以上越南政府发表的声明和相关文件可以看出,越南主张整个南沙群岛乃至西沙群岛均属于其"领土"。

越南对南沙群岛以及西沙群岛的"主权"要求的"法理根据"是所谓的"先占"、"历史事实"、"有效占领"、"国家继承"等原则,以及大陆架和专属经济区制度、《开罗宣言》与《旧金山和约》、南沙群岛即越南的长沙群岛等问题。

现在,就越南所坚持的以上几个原则逐一辨析。

首先,越南多次提到"长沙群岛"就是"南沙群岛"问题,戴可来教授在一篇名为《越南古籍中的"黄沙"、"长沙"不是我国的西沙和南沙群岛——驳越南关于西、南沙群岛主权归属问题的"历史地理论据"》的论文中,详尽地考证了越南所说的"长沙群岛"的真实地理位置,并指出,越南古籍《越史略》、《大越史记全书》、《乌州近录》、《抚边杂录》等的"大、小长沙"或"大长沙岛",均指越南平治天沿岸的岛屿、沙洲和沙带。② 对《纂集天南四至路图书》的分析考证后指出,该图所说的"长

---

① 参见吴士存主编:《南海问题文献汇编》,海南出版社2001年版,第227页;陈鸿瑜编译:《东南亚各国海域法律及条约汇编》,中国台湾三民书局1997年版,第252页。
② 戴可来:《越南古籍中的"黄沙"、"长沙"不是我国的西沙和南沙群岛——驳越南关于西、南沙群岛主权归属问题的"历史地理论据"》。

沙"是北起大占门,南至沙荣门的近海岛屿和沙洲,即今占婆岛、宗岛到广列岛一带的岛屿沙洲。越南人杜伯说的"自大占门越海至此一日半"、"自沙棋门越海至此半日"、"州楣门至此二日二夜"。从越南古代的航海技术看,无论从越南的任何港口出发用半天,一天半,甚至二日二夜不可能到达我国的南沙群岛。所以说,杜伯所说的"长沙"只能是越南的近海岛屿。① 吴士存先生在《南沙群岛争端的由来与发展》中,在列举了越南史料后,又使用了中国历史文献,这些文献包括《宋史》卷四八九、《武备志》中的《安南图》、《明安南图》、《越南地舆图说》。从这些文献中,可以看出,"长沙"是越南海边从顺化到富荣海口(今思贤舰港海口)一带的沿岸岛屿和沙洲。② 韩振华教授经过详细考证后,在多篇考证文章中认为,越南所说的黄沙和长沙实际上是今天越南广东群岛(外罗山)附近与越南海岸之间的一些浅水沙洲,与我国西沙、南沙群岛风马牛不相及。③ 李金明教授在对越南的黄沙、长沙进行考证后,也认为越南黄沙、长沙非中国西沙、南沙。④ 可见,越南以自己近海岛屿沙洲来混淆视听,是别有用心的。

关于越南所坚持的"先占"原则,显然违背历史事实。按照国际法,先占的对象只能是无主地。早在汉代,中国人便开始在南海航行和生产,发现南沙群岛,经营南沙群岛。这比越南主张南沙群岛权利从1816年算起早了1800年。自元朝忽必烈大将史弼远征爪哇,途经西沙、南沙并加以占领,1292年安南人入贡早524年;自明朝宣德、永业年

①　戴可来:《越南古籍中的"黄沙"、"长沙"不是我国的西沙和南沙群岛——驳越南关于西、南沙群岛主权归属问题的"历史地理论据"》。

②　吴士存:《南沙争端的由来与发展》,海洋出版社1999年版,第98页。

③　参见韩振华:《南海诸岛史地研究》,社会科学文献出版社1996年版,第154—180页。

④　参见李金明:《中国南海疆域研究》,福建人民出版社1999年版,第68—86页。

(公元 1411 年至 1421 年)郑和七次下南洋算,则早 400 年。① 在中国南北朝时期,宋代海军便在南沙群岛巡游,以昭示主权。宋文帝元嘉元年(公元 424 年),海军更达林邑以南。② 可见,越南所谓最先占有南沙群岛是不符合历史事实的,因此它所坚持的先占原则缺乏有效的法理依据。

关于"历史事实",越南认为,历史上的安南人也曾经在南沙群岛进行捕鱼等生产活动。对于这种观点,我们从历史上的安南王国本身就是中国的属国这一事实看,越南的主张是没有道理的,因为作为中国属国的国民到南沙群岛海域捕鱼,显然是一种正常行为,没有必要据此就对南沙群岛提出主权要求。如果越南依据这种理由而提出主权,那么,中国人民比越南人到南沙捕鱼,要早 2000 年。

关于"有效占领"原则,在 1988 年 4 月越南外交部的《黄沙群岛与长沙群岛和国际法》中,首先就指出:"世界各国在处理无主领土的主权争端过程中,已形成了一个确定领土主权的国际法原则:即有效原则,这一原则是目前国际习惯法的一项内容。"越南据此又认为,因为中国没有对南沙群岛实施有效的占领,中国对南沙群岛仅仅是发现,不能认为中国就对南沙群岛享有主权。

对于"有效占领"原则,詹宁斯和瓦茨修订出版的《奥本海国际法》认为:"实行占有和行使管辖是有效占领的两个条件,但是在此以前,这两个条件并不被认为是用占领方法取得领土所必要的。""后来真正的实行占有被认为是必要的。但是,一直到了 18 世纪,国际法作者才要求有效占领,而且直到 19 世纪,各国实践才与这种规定相符合。"③ 根据时际国际法,法律不溯及既往,一种法律行为的发生,只能依据该行

① 赵国材:《从现行海洋法分析南沙群岛的主权争端》。
② 郦道元:《水经注》,卷三十六,郁水、林邑记。
③ 〔英〕詹宁斯、瓦茨修订:《奥本海国际法》第 1 卷第 2 分册,中国大百科全书出版社 1998 年版,第 75—76 页。

为发生时的法律,而不能按照争端发生时或解决争端时的法律确定。也就是说,中国对南沙群岛的先占和管辖行为,只能依照当时的国际法原则,而不能以现在的法律来判定中国的行为。可见,越南认为中国未对南沙群岛实施有效占领,因而大肆侵占我南沙群岛,是缺乏法律依据的。

关于"国家继承"原则,越南认为,法国在中南半岛的统治结束后,由越南继承了法国在中国南沙群岛的权利。这显然与事实不符。我们姑且不说越南在法国进入该地区以前,越南本身是中国的属国和法国侵入我南沙群岛的势力在第二次世界大战中被日本人赶走这些事实。法国在 20 世纪 30 年代,出动军舰入侵我南沙群岛,当即遭到中国政府的强烈抗议。当法国军舰在南沙群岛的双子礁、太平岛、中业岛、南威岛等岛礁上树旗或埋设标记时,也遭到我国渔民的反对,并将法国旗帜和标记毁掉,树立中国国旗。这些事实已经说明,法国构成对中国领海的侵略行为。我们知道,在 19 世纪末 20 世纪初,世界爱好和平的人士,努力将维护世界和平、反对侵略、废弃战争作为实施国家对外政策的工具。1928 年更是在法国首都巴黎签署了《非战公约》。随着世界各民族独立运动的发展,殖民主义体系日益不得人心,通过征服和兼并来获取国家领土的行为已经不是合法途径,所以说,法国侵占中国南沙群岛本身是违反国际法的。第二次世界大战后,中国军队收复了南沙群岛,法国在南沙群岛已无立足之地,越南从何谈起"国家继承"?

不仅如此,中国与法国关于疆界的规定,从来没有把南沙群岛划入法国属地安南。1885 年的《中法越南条约》涉及疆界条款有三条①。其中第一条是关于如何在中越边界惩处"匪党"和无业游民方面加强合作;第二条是关于中法两国官员在北圻地区勘界;第三条是关于在两

---

① 黄月波等编:《中外条约汇编》,商务印书馆 1935 年版,第 89—90 页。

国勘界后如何对人员往来实行管理。如果说《中法越南条约》未涉及
海洋边界，那么，1887年两国签署的《中法续议界务专约》专门就海上
边界问题作出规定："至于海中各岛，照两国勘界大臣所划红线，向南
接划，此线正过茶古社东边山头，即以该线为界，该线以东，海中各岛归
中国，该线以西，海中九头山及各小岛归越南。若有中国人民犯法逃亡
九头等山，按照光绪十二年三月二十二日和约第十七款由法国地方官
访查严拿交出。"①该条约于1887年6月26日订立，1896年8月7日
互换。从条约内容看，不仅未涉及南沙群岛的归属，而且也没有涉及其
他南海诸岛的归属问题。这反映了当时法国对中国享有南海诸岛主权
是承认的，因此没有对南海岛屿提出权利要求。既然法国没有在这些
专门涉及领土边界的条约中提出对南海岛屿的权利要求，那么越南也
就无从向法国继承这些岛屿的权利。

　　而且法国在20世纪30年代初，占领我南海九小岛，主要是因为日
本侵略中国，威胁到法国在越南等地的战略利益。也就是说，随着日本
侵略中国的大陆政策的推进逐步威胁到中国与印度支那的边境地区，
法国因此而采取的防范措施而产生。并不是说南海九小岛是安南已有
的领土。

　　法国为了维持其对印度支那的控制，开始逐步推行其对战略要冲
的南海诸岛的实际占领。1931年12月4日，法国对中国宣称法国对
西沙群岛拥有主权，并在1933年日本退出国际联盟后，法国马上派军
舰逐步占领南沙群岛的岛礁，并于1933年7月21日正式对外宣布。

　　关于《开罗宣言》与《旧金山和约》，越南认为，两份国际文件都没
有将南沙群岛归还给中国。但是，事实上，在1943年中国蒋介石、美国
罗斯福、英国丘吉尔在开罗就日本归还中国领土（包括南沙群岛在内）

---

① 黄月波等编：《中外条约汇编》，商务印书馆1935年版，第90页。

发表《开罗宣言》中已经非常明确。该宣言规定,三国之宗旨在剥夺日本自 1914 年第一次世界大战开始以后在太平洋所得的或占领之一切岛屿,在使日本所窃取于中国之领土,例如满洲、台湾、澎湖群岛等,归还中华民国。[①] 由于在日本占领期间,将南海诸岛划入台湾省的高雄市管辖,那么根据《开罗宣言》规定,归还台湾给中国,自然应该归还包括南沙群岛在内的南海诸岛。对于这一点,就连今天日本著名的国际政治学家浦野起央教授也承认。[②]

关于 1951 年的《旧金山和约》问题,由于中国没有参加该会议,会上通过的和约草案只规定日本放弃对台湾及澎湖列岛的一切权利、权利根据和要求;日本放弃对南威岛及西沙群岛之一切权利、权利根据和要求,[③]没有明确应归还给中国。但是根据《开罗宣言》、《波茨坦公告》的规定,只能将《旧金山和约》中关于西沙群岛和南威岛的规定,理解为归还给中国。特别值得注意的是,作为当事国的法国,在会议中没有要求对南沙群岛的归属作出明确规定,这说明法国并没有支持越南的主张。

至于越南企图通过新近的《联合国海洋法公约》中关于大陆架、专属经济区制度提出对我南沙群岛的主权,对此不值一驳,因为越南不能依据现行法律获取权利,不能对我国既有的历史性权利构成损害,解决两国之间的海洋划界问题,只能是在公平原则基础上,通过和平谈判来解决。

---

① 《国际条约集》(1934—1944),世界知识出版社 1961 年版,第 407 页。

② 浦野起央,政治学博士。日本大学法学部教授,韩国中央大学、韩国国防大学院、北京大学兼职教授。出版数十种国际关系、国际政治专著,可谓多产学者。2000 年 8 月,去西藏旅游,路过成都时,他在与本书作者的交谈中,明确表示,日本归还被占的中国领土时,因为南海诸岛属于台湾高雄市管辖,归还台湾给中国,自然应该包括归还南海诸岛。

③ 《国际条约集》(1950—1952),世界知识出版社 1959 年版,第 335 页。

第二节　菲律宾对部分南沙群岛及其海域的
"权利"主张及其抗辩

　　菲律宾通过各种法律、法令、总统公告对南沙群岛的"权利"主张，其中最为明确直接的是 1968 年 9 月 18 日颁布的《关于修正第 3046 号〈关于确定菲律宾领海基线的法案〉第一节的第 5446 号共和国法案》、1978 年 6 月 11 日颁布的《菲律宾第 1596 号总统法令》和《菲律宾第 1599 号总统令设立专属经济区》、1982 年 12 月 10 日颁发的《菲律宾对于签署 1982 年海洋法公约的宣言》等。

　　"第 5446 号共和国法案"①具体规定了菲律宾的领海基线。

　　为突显菲律宾对南沙群岛的"主权"要求，1978 年菲律宾总统马科斯发表公告，宣布对我南海中的岛屿实施行政管辖。将我国南沙群岛分割并取名为"卡拉延群岛"，其范围是："从北纬 7 度 40 分与格林尼治东经 116 度 00 分相交的点（在《菲律宾条约》的界限上），沿北纬 7 度 40 分向西直至与东经 112 度 10 分相交；再沿东经 112 度 10 分向北，直至与北纬 9 度 00 分相交；再向东北，直至北纬 12 度 00 分与东经 114 度 30 分相交；再沿北纬 12 度 00 分向东，直至与东经 118 度 00 分相交；再沿东经 118 度 00 分向南，直至与北纬 10 度 00 分相交；再向西南，直至北纬 7 度 40 分与东经 116 度 00 分相交的起始点。"②根据菲律宾划出的范围，已经把属于中国南沙群岛的大量岛屿和附近海域划入自己的版图，从而严重侵犯了中国的主权和领土完整。

---

　　①　海洋国际问题研究会编辑：《中国海洋邻国海洋法规和协定选编》，海洋出版社 1984 年版，第 61—72 页。
　　②　同上书，第 74—75 页。

菲律宾宣布:以上区域,"包括其海床、底土、大陆边及其上空,属于菲律宾的主权范围。该区域成为巴拉望省的一个独立自治区,命名为'卡拉延'"。①

在"第 1599 号总统令"中,菲律宾主张建立 200 海里的经济专属区。② 菲律宾主张 200 海里经济专属区,把中国的黄岩岛、大部分南沙群岛纳入了自己的专属经济区范围,对中国的固有领土构成侵犯。

1982 年 12 月 10 日公布的《菲律宾对于签署 1982 年海洋法公约之宣言》第 4 条声明:"该种签署不应侵害或损害菲律宾运用其主权权利于其领土之主权,例如卡拉延群岛及其附属之海域。"③

菲律宾对所谓的"卡拉延群岛"提出"主权"要求,其主要理由如下:理由之一是:该群岛对于菲律宾的安全和经济的重要性;其二是根据海洋法,菲律宾拥有 200 海里专属经济区;该群岛是菲律宾大陆边缘的一部分,按照大陆架自然延伸原则菲律宾对其拥有主权;邻近菲律宾群岛;其三是该区域在法律上是无主地;其四是菲律宾已经有效占领和控制该区域;其五是原先的主权领有者已经放弃;其六是所谓的"历史事实"。

菲律宾主张对部分南沙群岛享有"主权"理由第一条显然是缺乏法理依据的,不能说这些群岛对菲律宾具有重要的经济价值和安全意义,就可以把本属于中国的领土据为己有。这等于说,台湾海峡对于中国的安全和经济发展具有重大意义,所以,中国可以将台湾海峡作为自己的内海海峡。这显然是不符合国际法的。因此,菲律宾主张的第一条理由是不能成立的。

---

① 海洋国际问题研究会编辑:《中国海洋邻国海洋法规和协定选编》,海洋出版社 1984 年版,第 76 页。
② 陈鸿瑜编译:《东南亚各国海域法律及条约汇编》,中国台湾三民书局 1997 年版,第 69 页。
③ 同上书,第 72 页。

菲律宾认为,根据《联合国海洋法公约》规定,它拥有200海里专属经济区。但是,《联合国海洋法公约》第74条关于海岸相向或相邻国家间专属经济区界限的划定中第1款规定:"海岸相向或相邻国家间专属经济区的界限,应在国际法院规约第38条所指国际法的基础上以协议划定,以便得到公平解决。"第2款规定:"有关国家如在合理期间内未能达成任何协议,应诉诸第15部分所规定的程序。"①可见,菲律宾在与我国南沙群岛之间划定专属经济区时,应该遵循《联合国海洋法公约》规定,与中国协商解决,而不能自行圈定。而且,建立经济专属区制度,不能影响本区域内岛屿的主权归属。

菲律宾认为中国的南沙群岛东部位于菲律宾大陆边缘,按照海洋法中的"自然延伸"原则,应该属于菲律宾。事实上,根据海洋地质科学家的勘测,在菲律宾群岛与中国南沙群岛之间大陆架"坡体断裂,自北而南有北吕宋、西吕宋二海槽及马尼拉海沟"。②北吕宋海槽水深3000—3500米,西吕宋海槽水深2200—2600米,海槽底部宽55公里;而且在西吕宋海槽之西还有马尼拉海沟,海沟水深一般均在4800米,最深处达5577米,底部宽约10公里。③该海沟和海槽的形成原因是由于太平洋板块向欧亚大陆板块俯冲运动。可见,中国的南沙群岛并没有像菲律宾所说的在菲律宾大陆边缘,因此,"自然延伸"原则不适用于中国南沙群岛与菲律宾之间的海洋划界。

在菲律宾提出的第二条理由中还涉及"邻近"原则,菲律宾认为,由于中国南沙群岛东部邻近菲律宾,因此,这些岛屿应属于菲律宾。以"邻近"获得领土原则,在国际法理论与实践中已经被否定。在帕尔马

① 《联合国海洋法公约》(汉英),海洋出版社1996年版,第37页。
② 鞠继武:"大自然杰作 珊瑚虫伟绩——南海、南海诸岛的形成",载陈克勤主编:《中国南海诸岛》,海南国际新闻出版中心1996年版,第61页。
③ 同上书,第61—62页。

斯岛仲裁案中,独任仲裁人胡伯明确指出,"邻近性"没有法律根据,美国不能以帕尔马斯岛靠近菲律宾为理由而认为该岛与菲律宾群岛一起割让给美国。①"在任何情况下没有这样的规则,仅仅由于特定国家邻接有关领土在法律中便确立有利于该国的主权假定。"②在英国与法国关于海峡群岛的争端中,国际法院也没有根据"邻近"原则,将海峡群岛判决给法国。海峡群岛离法国大陆海岸仅仅 8 海里,而离英国海岸 49 海里,离法国的其他邻近岛屿更近。国际法院根据法律关系,而不是以地理位置作出判决。在墨西哥近海的克里柏顿岛仲裁案中,仲裁员将该岛裁决给隔着大西洋的法国。③圣皮尔岛、密克隆岛离加拿大纽芬兰仅 3 海里,它们却属于法国。希腊在爱琴海的许多岛屿离土耳其海岸仅 3 海里。在北海大陆礁层案中,国际法院对德国提出的邻近主张,给予了否定。④岛屿的主权应该由法律关系来决定,而不是受地理远近的影响。任何国家无权对靠近自己海岸的其他国家岛屿提出主权要求。菲律宾以邻近原则对我南沙群岛提出主权要求是缺乏法律依据的。

　　菲律宾提出的第三条理由是南沙群岛属于"无主地",因为在《旧金山和约》中,没有明确规定日本放弃对南沙群岛的权利后,应将南沙群岛归还给谁。菲律宾根据"无主地"和先占原则,由一位名为克洛马的疯子加以占领,建立所谓的"人道王国"。菲律宾的这种理由实为荒唐。因为,南沙群岛早就是中国的领土,中国人先于菲律宾数千年发现并占领、开发、经营这片土地。即使说日本在旧金山和约中,没有规定将该群岛归还给谁,也不能认为该群岛属于"无主地"。而且,按照奥

　　① 　陈致中:《国际法案例》,法律出版社 1998 年版,第 123 页。

　　② 　吉帝差萨里:《海洋法与南中国海的海洋边界》,1987 年版,第 141 页。

　　③ 　The Clippertton Island Arbitration Case, 1932, *UN Reports of International Arbitration Awards*, Vol. 11, p. 1055, pp. 1110-1111.

　　④ 　International Court of Justice Reports, 1969, paras. 41-42, pp. 30-31.

本海的解释:"主权不清楚或有争议的领土,不能被认为是无主地。例如,如果两个国家对某一边境地区有争议,第三国就不能通过占领取得该地区。"①可见,无论是根据事实方面的原因,还是根据习惯国际法,菲律宾的主张都是站不住脚的。

《旧金山和约》的内容及其签署存在严重的缺陷,因为,作为抗战八年的中国,在第二次世界大战中,损失最重,抗击的日军最多,坚持抗战的时间最长,对抗战胜利贡献最大,但却未能在1951年的旧金山和会中派出自己的代表,对日和会仅成为美英法苏等国的对日和会。既然意义如此重大的会议,中国连代表都没有,加之法国对南沙群岛主权的觊觎,会议讨论肯定不利于中国。而且,由于当时正处于冷战初期,美国等西方国家故意和苏联为首的社会主义阵营作对,从而达成了不利于中国的决定。苏联代表马立克在1951年9月5日的旧金山和会第二次会议中,明确要求应将被日本分裂出去的中国领土无条件地归还中国。由于和会没有满足苏联的要求,承认中华人民共和国对南沙群岛的主权,而拒绝签字。②

总之,中国没有能参加和会以及冷战的影响等多种原因,使《旧金山和约》没有规定南沙群岛的归属,并不能否定《雅尔塔协定》、《开罗宣言》等国际条约对南沙群岛属于中国这一规定,也不能以此否定其他许多历史事实和法理依据。因此,菲律宾认为该群岛是无主地的观点是极为荒谬和站不住脚的。

与菲律宾有关的"历史条约"均未把南沙群岛划在其版图内。

---

①　[英]詹宁斯、瓦茨修订:《奥本海国际法》第1卷第2分册,中国大百科全书出版社1998年版,第143页,注释320。

②　*The Conference Records of Proceeds*, U. S. State Dept. Publication 4392(Dec. 1952),p.292.

　　1898 年 12 月 10 日,美西战争以后,美国与西班牙在巴黎签署《和平条约》。该条约第三条规定:"西班牙割让名为菲律宾群岛的列岛以及包含在以下疆界线内的岛屿给美国:沿着或靠近北纬 20 度由西向东划一直线,经过可航行的巴士海峡,从格林尼治东经 118 度到 127 度,从那里沿着东经 127 度到北纬 4 度 45 分,从那里沿着北纬 4 度 45 分到东经 119 度 35 分交叉点,从那里沿着东经 119 度 35 分到北纬 7 度 40 分,从那里沿着北纬 7 度 40 分到东经 116 度交叉点,从那里划一条直线到北纬 10 度与东经 118 度交叉点,从那里沿着东经 118 度到起始点。"①而我国的南沙群岛的地理坐标是北纬 3 度 36 分——11 度 57 分,东经 109 度 06 分——117 度 50 分。② 可见,美西《巴黎和平条约》所划定的边界不包括中国的南沙群岛。

　　美西《巴黎和平条约》的内容在 1900 年 11 月 7 日美国与西班牙签署的《华盛顿条约》中再次加以确定。条约的单独条款规定:"西班牙让与美国其在缔结巴黎和约时可能拥有的、对于该条约第三条所述范围之外的属于菲律宾群岛的全部岛屿,特别是对于卡加延、苏禄及锡布图及其属地的权利及权利主张,并同意所有这些岛屿应完全包括在所让与的群岛之中,就像它们明显包括在上述范围内一样。"③

　　1930 年 1 月 1 日,美国与英国为了明确划定菲律宾群岛与英国保

---

　　①　陈鸿瑜编译:《东南亚各国海域法律及条约汇编》,中国台湾三民书局 1997 年版,第 29—30 页。

　　②　刘宝银编著:《南沙群岛　东沙群岛　澎湖列岛》,海洋出版社 1996 年版,第 1 页。另外,在鞠继武《玉盘珍珠　祖国宝岛——星罗棋布的南海诸岛》文中,所描述的坐标是北纬 3 度 58 分至 11 度 55 分,东经 109 度 44 分至 117 度 50 分,见陈克勤主编:《中国南海诸岛》,海南国际新闻出版中心 1996 年版,第 140 页。

　　③　海洋科技资料 1979 年第 4 期,译自《CCOP 第九届会报告》,第 231 页,转引自海洋国际问题研究会编辑:《中国海洋邻国海洋法规和协定选编》,海洋出版社 1984 年版,第 80 页。

护下的北婆罗洲之间的疆界,双方签署了《菲律宾与北婆罗洲疆界条约》。根据该条约的规定,美西1898年条约所确定的一部分线将由分隔属于菲律宾群岛的岛屿及属于英国保护的北婆罗各国的岛屿的线取代,①这些线的位置如下:

《菲律宾与北婆罗洲疆界条约》所规定的菲律宾疆界

北纬＼东经	东经	北纬	东经
4 度 45 分	120 度 00 分	6 度 00 分	118 度 20 分
4 度 23 分	120 度 00 分	6 度 17 分	117 度 58 分
4 度 23 分	119 度 00 分	6 度 52 分	117 度 58 分
4 度 42 分	119 度 00 分	7 度 24 分 45 秒	117 度 25 分 30 秒
5 度 16 分	119 度 35 分	7 度 40 分	117 度 00 分
6 度 00 分	118 度 50 分		

　　从这里我们也可以看出,该条约仍不包括我国的南沙群岛。根据国际法,非人身条约应由国家继承,所以,菲律宾不得改变既定的条约边界。1978年《关于国家在条约方面继承的公约》第11条规定,国家继承本身不影响条约划定的边界或条约规定的同边界制度有关的权利和义务。1969年《维也纳条约法公约》第62条,也排除边界条约于情势变更原则的适用之外。此外,1986年《关于国家和国际组织相互间的条约法公约》也同样规定,"条约如系确定一项边界,即不得援引'情况的基本改变'为理由终止或退出两个或更多国家和一个或更多国际组织间的条约。"②

---

　　① 海洋科技资料1979年第4期,译自《CCOP第九届会报告》,第231页,转引自海洋国际问题研究会编辑:《中国海洋邻国海洋法规和协定选编》,海洋出版社1984年版,第81页。
　　② [英]詹宁斯、瓦茨修订:《奥本海国际法》第1卷第2分册,中国大百科全书出版社1998年版,第61页。

1961 年 6 月 17 日菲律宾发布的"第 3046 号共和国法案"中也没有把中国的南沙群岛纳入本国领土。1968 年 9 月 18 日菲律宾参众两院通过的第 5446 号法案,修正第 3046 号法案第一节印刷上的错误,在所展示的菲律宾领海基线中,也没有提及南沙群岛属于菲律宾。①

菲律宾的第四条理由是"有效占领"和"实际控制"。菲律宾认为过去中国没有对该群岛实施有效占领和实际控制。从这一观点看,菲律宾实际上已经承认了南沙群岛属于中国(至少在名义上属于中国),只不过借口中国没有对其实行"有效占领"和"实际控制"而提出对部分南沙群岛享有主权。有大量的历史资料证明中国早在汉代就发现了南沙群岛;自宋代开始便对南沙群岛实行有效的行政管辖;第二次世界大战后,中国收复南沙群岛并在太平岛驻军。国际法对于条件恶劣的岛屿实施占领,要求并不严格。而且,从菲律宾本国情况看,这种理由是站不住脚的。菲律宾共有 7083 个岛屿,有人居住的岛屿有 2600 个,其中已被命名的仅 1095 个,绝大多数无人居住和没有命名。所以,菲律宾不得以南沙群岛无人居住,而将其看作是无主地,否则,他国是否可以占领菲律宾无人居住的岛屿?② 中国通过对南沙群岛主权进行宣示、纳入全国行政体系、军队巡防、派驻军队驻守、划入本国版图等途径,已经表明中国对南沙群岛实行了有效管辖和实际控制。

菲律宾现在侵占了我国马欢岛、费信岛、中业岛、南钥岛、北子岛、西月岛、司令礁等岛礁,并在有些岛屿上修建军用机场和移民。妄图通过军事占领、开发资源等方式实现它所称的"有效占领"、"实际控制"。但是,菲律宾的这些行为是属于"不当得利",是违反国际法的,是侵略行为。

---

① 吴士存:《南沙争端的由来与发展》,海洋出版社 1999 年版,第 120 页。
② 赵国材:《从现行海洋法分析南沙群岛的主权争端》。

至于原先的主权领有者已经放弃对该群岛的主权问题,中国历届政府从来没有宣称放弃南沙群岛主权,因此,菲律宾的理由根本不成立。

第三节　马来西亚、文莱对部分南沙群岛及其海域的"权利"主张及其抗辩

马来西亚、文莱对我国南沙群岛的"权利"主张及其"法理依据"并不复杂。马来西亚最先并没有提出"领土主权"要求。1968 年,马来西亚将包括南康暗沙、北康暗沙、曾母暗沙在内的 8 万平方公里南沙群岛海域作为资源区,并出租给沙捞越壳牌公司开发石油。①从马来西亚出版的地图和印度尼西亚与马来西亚确定的大陆架界线来看,马来西亚把 10 个岛礁划入其大陆架范围内。② 现在已经占有的岛礁有弹丸礁、光星仔礁、南海礁、簸箕礁等。1993 年,马来西亚将控制的我国部分南沙群岛海域称为"沙巴海"。

马来西亚对该区域提出"主权"要求的"法理依据"是《联合国海洋法公约》中大陆架和专属经济区的规定。

文莱宣布建立 200 海里专属经济区制度,称路易莎礁(即我南通礁)在文莱渔区和大陆架范围内。

文莱和马来西亚一样,对我部分南沙群岛及其海域提出"主权"要求的"法理依据",都是大陆架和专属经济区制度。对于这种理由,《联合国海洋法公约》第 56 条规定:"沿海国在专属经济区内有:(a)以勘探和开发、养护和管理海床上覆水域和海床及其底土的自然资源为目

---

①　吴士存:《南沙争端的由来与发展》,海洋出版社 1999 年版,第 122 页。

②　Alan. J. Day, *Border and Territorial Disputes.* London 1982, p. 126.

的的主权权利,以及关于在该区域内从事经济开发和勘探,如利用海水、海流和风力生产能等其他活动的主权权利;(b)本公约有关条款规定的对下列事项的管辖权:(1)人工岛屿、设施和结构的建造和使用;(2)海洋科学研究;(3)海洋环境的保护和保全;(c)本公约规定的其他权利和义务。"①可见,公约规定并不涉及区内的岛屿主权问题。(c)项的其他权利和义务中也没有规定岛屿的归属问题。

《联合国海洋法公约》第 77 条"沿海国对大陆架的权利"规定:"沿海国为勘探大陆架和开发其自然资源的目的,对大陆架行使主权权利。"②公约对大陆架的有关规定,也不涉及大陆架上的岛屿归属。

总之,根据罗马法著名的法谚:"行使自己的权利不得损害他人的权利。"在划定领海基线,建立专属经济区制度和大陆架制度时,不能损害其他国家的利益;海岸相向的国家应该协商解决;更为重要的是,不能因为别国的岛礁位于自己的大陆架和经济专属区上,就变成是自己的领土,国际习惯法中一条重要的原则是陆地统领海洋,而不是海洋领有陆地。一个国家只有先拥有陆地,才能享有相应的海洋。"大陆架和专属经济区所产生的主权权利(以区别于主权),在任何情况下都不取决于任何占领,不论是'有效的'还是'象征性'的,除非它们可能是土地的附属物。"③可见,奥本海在这里说得再明白不过了,大陆架和专属经济区的主权权利与主权是有区别的,不能以大陆架和专属经济区的主权权利获取该区域的主权,包括岛屿主权。"认为海洋法公约规定的专属经济区可以建立领土主权是错误的,它们在该区域拥有某

---

① 《联合国海洋法公约》(汉英),海洋出版社 1996 年版,第 27 页。

② 同上书,第 40 页。

③ [英]詹宁斯、瓦茨修订:《奥本海国际法》第 1 卷第 2 分册,中国大百科全书出版社 1995 年版,第 75 页。

些权利,但对该区域的群岛不拥有主权。"①而且,南沙群岛大陆架由一堆积型陆架和陆坡组成,本身是一个整体,不能被分割。

---

① *Far Eastern Economic Review*,January 21,1999,p. 61.

第六章 结语

中国对南沙群岛及其附近海域享有无可争辩的领土主权和其他主权权利

从以上分析可以看出,中国对南沙群岛的领土主权具有充分的法律依据。

一、在维护中国对南沙群岛领土主权时,应该综合性地考虑各种因素。布郎利认为:"法庭所关切的是在关键日期行使主权的证明,并在这样关切中不会适用传统的分析来描述裁决的程序。领土主权或所有权的争议往往是复杂的,涉及对重要事实的各种法律原则的适用。"奥本海也认为:"关键日期或时期本身是在特定案件中考虑到各种因素予以裁决的事项,这些因素包括连续的和有效的占领或管理、默认和(或)抗议、任何对立主张的相对强弱、时际法的影响、领土所有权和疆界的稳定性原则、'占有'原则等区域原则、地理和历史因素、国际社会的态度、自决的可能要求、原始占有的可能的非法来源。"①综合考虑以上因素,对我国维护南沙群岛领土主权具有重要理论和实践意义。我们在触及南沙群岛领土主权问题时,不能只从现代国际法、现代海洋法去认识,必须考虑到我国2000多年来对南沙群岛发现、命名、先占、有效占有、开发经营、主权宣示、行使行政管辖权和司法管辖权的事实、军

---

① 〔英〕詹宁斯、瓦茨修订:《奥本海国际法》第1卷第1分册,中国大百科全书出版社1998年版,第95页。

队巡防、打击盗匪、各国的承认、默认、时际法、关键日期、历史性权利、断续国界线的存在、中国政府的抗议、中国与其他几个对南沙群岛有权利要求的国家主张的强弱、地图的法律效力,等等。

二、中国根据"发现"、"先占"、"有效占领"等国际法原则,取得对南沙群岛的领土主权。当越南、菲律宾、马来西亚等国对南沙群岛提出主权要求时,南沙群岛早已在中国的行政、司法管辖之下。越南、菲律宾以"发现"取得对南沙群岛的主权,显然是站不住脚的,也是违背历史事实和法理的。"发现"、"先占"的对象只能是无主地,这些国家不能把属于中国版图之内的南沙群岛作为其占有的对象。

三、中国早在秦汉时期就"发现"了南沙群岛,中国也在宋代时,对南沙群岛行使行政管辖,因此,在解决南沙群岛争端时,只能依据15—16世纪以前的国际法,而不能依据当代国际法。也就是说,解决争端只能以产生权利时的国际法,而不是以提出要求和发生争议时的法来确定。这种"时际法"规则已经成为公认的国际法准则。

四、中国仅凭单纯的"发现"便可以对南沙群岛享有"初步的权利"和阻止他国将南沙群岛占有的"不完全权利"。事实上,在秦汉时,由于南沙群岛被中国人民发现,由中国人民开发、利用,因此,这时南沙群岛已经成为越南、菲律宾、马来西亚、文莱等国的"禁取地"。

五、私人行为在早期领土取得问题上,占有重要地位,而且得到许多国际法学家的公认。奥康奈尔说:"没有私人行为就不可能有先占。"国际常设法院法官穆尔说:"对私人的发现不赋予权利是不能容许的,在国际法和习惯法中也找不到反对它的依据。"卡内罗法官也认为:"对位于两国边境地区的领土来说,如果两国都对该地区提出主权要求,私人行为特别重要。"中国人民在南沙群岛的私人行为时间早、活动频繁、规模大、留下的生活、生产痕迹多。中国人民对南沙群岛的经营、开发足以构成"先占"。从而有效阻止其他国家对南沙群岛的主权要求。

六、近代国际法要求："象征性的行为,如,升旗、鸣炮、竖立主权碑、插上十字架、在报纸上发布公告等等"就可以构成先占。或者有对某地区有司法行为、行政管辖行为,就可以构成先占。那么,中国在南沙群岛不仅有各种象征性的行为,而且在越南、菲律宾、马来西亚、文莱等国对南沙群岛提出主权时,已经实施了行政管辖、司法管辖、派出军队巡防、驻守。无论如何,中国都满足了国际法对"先占"、"有效占有"的各项要求。

七、菲律宾、马来西亚、文莱等国以"邻近"原则对南沙群岛提出主权要求,是不能成立的。国际法上没有这样的法律规则,也不为国际法院、国际常设仲裁法院以及其他著名的国际法学家所承认。"邻近"主张不仅未得到承认,而且在国际法的案例中多次被否定。

八、越南、菲律宾、马来西亚、文莱以《海洋法公约》为依据,对南沙群岛提出主权要求,这也是违背联合国《海洋法公约》原则的。首先,联合国《海洋法公约》不解决领土争端问题。大陆架、专属经济区制度不涉及岛屿归属问题。其次,这些国家在要求自己权利的时候,不能滥用权利,行使自己的权利时不得损害他人的权利,这已经是公认的法律原则。

九、越南、菲律宾、马来西亚、文莱等国对我国占有南沙群岛多次给予承认或默认,这些承认或默认均属于这些国家的政府行为,从而产生了相应的国际法律效力,是不能更改的。国际法上"禁止反言"原则可以有效地阻止这些国家再次对南沙群岛提出主权要求。一个现代文明国家,不能采取前后矛盾的态度、立场和行动路线,否则,是要受到国际社会谴责,并承担相应的法律责任的。

十、对于中国领有南沙群岛领土主权的事实,国际条约、双边协定、世界各国以及与南沙群岛曾经有过侵占与被侵占关系的日本均给以承认。大量的地图、文献明确记载着南沙群岛为中国所有。就连西方国家均普遍称我国南海为"South China Sea(南中国海)",为什么它们不称"越南海"、"东越南海",或者"菲律宾海"、"西菲律宾海",或者"马来西亚海"、"西马来西亚海",或者"文莱海",因为中国和中国人民自古以来拥有南沙群岛、开发南沙群岛、经营南沙群岛、航行于南沙群岛海域之间,这样的事实不能改变。一些东南亚国家甚至企图改变国际上对南海的通常称呼,而取名为"东南亚海"。可是现在你们已经迟到了,其他国家不随你们来称呼,而且,更为重要的是,我们不答应!

今天,我国的南沙群岛已经有40多个岛礁被侵占,大片海域被瓜分、丰富的石油资源源源不断地被非法开采,中国的南沙群岛在流血、在流泪,但是,"非法所得不产生任何权利",这些国家并不能通过武力侵占,就可以把这些岛屿据为己有。

附录一 有关南沙群岛
及其附近海域归属的法律文件

一、1946 年 9 月内政、外交、国防三部关于接收
南沙群岛会议记录呈报行政院的公函

案奉本年九月二日节京陆字第 10858 号训令略开,关于接收团沙群岛(即新南群岛)事,饬由职部等会商妥为应付并协助广东省政府进行接收等因,遵于本年九月十三日邀同海军总司令部派遣代表在外交部会商,当经议决下列三项:

一　由国防部协助广东省政府从速接收团沙群岛,至接收之地理范围由内政部拟定。

二　关于该群岛之地理位置及所属各岛之名称,由内政部绘制详图重行拟订呈院核定。

三　目前不必向外国提出该群岛之主权问题,惟为应付将来可能发生争执起见,应由内政国防两部暨海军总司令部将有关资料即送外交部以备交涉之用。

奉令前因理合检同会议纪录一份呈请

鉴核谨呈

行政院

内政部部长　张厉生

外交部部长　王世杰

国防部部长　白崇禧

二、1947 年 4 月我国政府关于改变武德岛、
长岛名称给广东省的公函

内政部公函 发文方字第 0379 号

中华民国三十六年四月十二日

　　查本部为纪念接收西、南沙群岛,经商得海军总司令部同意,以此次所派军舰之名接收各岛,即西沙群岛之武德岛(Woody Island)改名为永兴岛,南沙群岛之长岛(Itu Aba Island)改名为太平岛。并由本部接收人员刻制石碑,永作凭志。兹复经呈奉行政院三十六年三月二十六日从壹字(10887)号指令,以业经呈奉国民政府三十六年三月十四日处字第四二八号指令照准,等因,相应函达查照,又其余南海各岛正由本部分别拟议命名中,一矣(加单人旁)核定,再行奉开。

　　此致

广东省人民政府　　部长　　张厉生

　　见《测量西南沙各群岛沙头角中英界石》

　　广东省档案馆全宗号　　目录号四　　卷宗号二　　广东省人民政府档案馆藏

三、中华人民共和国政府关于领海的声明
(1958 年 9 月 4 日)

　　中华人民共和国政府宣布

　　(一)中华人民共和国的领海宽度为 12 海里。这项规定适用于中华人民共和国的一切领土,包括中国大陆及其沿海岛屿,和同大陆及其沿海岛屿隔有公海的台湾及其周围各岛、澎湖列岛、东沙群岛、西沙群岛、中沙群岛、南沙群岛以及其他属于中国的岛屿。

　　(二)中国大陆及其沿海岛屿的领海以连接大陆岸上和沿海岸外缘岛屿上各基点之间的各直线为基线,从基线向外延伸 12 海里的水域是中国的领海。在基线以内的水域,包括渤海湾、琼州海峡在内,都是中国的内海、在基线以内的岛屿,包括东引岛、高登岛、马祖列岛、白犬列岛、乌岳岛、大小金门岛、大担岛、二担岛、东碇岛在内,都是中国的内海。

（三）一切外国飞机和军用船舶，未经中华人民共和国政府的许可，不得进入中国的领海和领海上空。

任何外国船舶在中国领海航行，必须遵守中华人民共和国政府的有关法令。

（四）以上（一）（二）两项规定的原则同样适用于台湾及其周围各岛、澎湖列岛、东沙群岛、西沙群岛、南沙群岛以及其他属于中国的岛屿。

台湾和澎湖地区现在仍然被美国武力侵占，这是侵犯中华人民共和国领土完整的和主权的非法行为。台湾和澎湖等地尚待收复，中华人民共和国政府有权采取一切适当的方法在适当的时候，收复这些地区，这是中国的内政，不容外国干涉。

四、中华人民共和国领海及毗连区法

（1992 年 2 月 25 日第七届全国人民代表大会常务委员会第二十四次会议通过　1992 年 2 月 25 日中华人民共和国主席令第五十五号公布施行）

第一条　为行使中华人民共和国对领海的主权和对毗连区的管制权，维护国家安全和海洋权益，制定本法。

第二条　中华人民共和国领海为邻接中华人民共和国陆地领土和内水的一带海域。

中华人民共和国的陆地领土包括中华人民共和国大陆及其沿海岛屿、台湾及其包括钓鱼岛在内的附属各岛、澎湖列岛、东沙群岛、西沙群岛、中沙群岛、南沙群岛以及其他一切属于中华人民共和国的岛屿。

中华人民共和国领海基线向陆地一侧的水域为中华人民共和国的内水。

第三条　中华人民共和国领海的宽度从领海基线量起为十二海里。

中华人民共和国领海基线采用直线基线法划定,由各相邻基点之间的直线连线组成。

中华人民共和国领海的外部界限为一条其每一点与领海基线的最近点距离等于十二海里的线。

第四条　中华人民共和国毗连区为领海以外邻接领海的一带海域。毗连区的宽度为十二海里。

中华人民共和国毗连区的外部界限为一条其每一点与领海基线的最近点距离等于二十四海里的线。

第五条　中华人民共和国对领海的主权及于领海上空、领海的海床及底土。

第六条　外国非军用船舶,享有依法无害通过中华人民共和国领海的权利。

外国军用船舶进入中华人民共和国领海,须经中华人民共和国政府批准。

第七条　外国潜水艇和其他潜水器通过中华人民共和国领海,必须在海面航行,并展示其旗帜。

第八条　外国船舶通过中华人民共和国领海,必须遵守中华人民共和国法律、法规,不得损害中华人民共和国的和平、安全和良好秩序。

外国核动力船舶和载运核物质、有毒物质或者其他危险物质的船舶通过中华人民共和国领海,必须持有有关证书,并采取特别预防措施。

中华人民共和国政府有权采取一切必要措施,以防止和制止对领海的非无害通过。

外国船舶违反中华人民共和国法律、法规的,由中华人民共和国有关机关依法处理。

第九条　为维护航行安全和其他特殊需要,中华人民共和国政府可以要求通过中华人民共和国领海的外国船舶使用指定的航道或者依照规定的分道通航制航行,具体办法由中华人民共和国政府或者其有关主管部门公布。

第十条　外国军用船舶或者用于非商业目的的外国政府船舶在通过中华人民共和国领海时,违反中华人民共和国法律、法规的,中华人民共和国有关主管机关有权令其立即离开领海,对所造成的损失或者损害,船旗国应当负国际责任。

第十一条　任何国际组织、外国的组织或者个人,在中华人民共和国领海内进行科学研究、海洋作业等活动,须经中华人民共和国政府或者其有关主管部门批准,遵守中华人民共和国法律、法规。

违反前款规定,非法进入中华人民共和国领海进行科学研究、海洋作业等活动的,由中华人民共和国有关机关依法处理。

第十二条　外国航空器只有根据该国政府与中华人民共和国政府签订的协定、协议,或者经中华人民共和国政府或者其授权的机关批准或者接受,方可进入中华人民共和国领海上空。

第十三条　中华人民共和国有权在毗连区内,为防止和惩处在其陆地领土、内水或者领海内违反有关安全、海关、财政、卫生或者入境出境管理的法律、法规的行为行使管制权。

第十四条　中华人民共和国有关主管机关有充分理由认为外国船舶违反中华人民共和国法律、法规时,可以对该外国船舶行使紧追权。

追逐须在外国船舶或者其小艇之一或者以被追逐的船舶为母船进行活动的其他船艇在中华人民共和国的内水、领海或者毗连区内时开始。

如果外国船舶是在中华人民共和国毗连区内,追逐只有在本法第十三条所列有关法律、法规规定的权利受到侵犯时方可进行。

追逐只要没有中断,可以在中华人民共和国领海或者毗连区外继续进行。在被追逐的船舶进入其本国领海或者第三国领海时,追逐终止。

本条规定的紧追权由中华人民共和国军用船舶、军用航空器或者中华人民共和国政府授权的执行政府公务的船舶、航空器行使。

第十五条　中华人民共和国领海基线由中华人民共和国政府公布。

第十六条　中华人民共和国政府依据本法制定有关规定。

第十七条　本法自公布之日起施行。

五、全国人民代表大会常务委员会关于批准
《联合国海洋法公约》的决定
(1996 年 5 月 15 日)

第八届全国人民代表大会常务委员会第十九次会议决定,批准《联合国海洋法公约》,同时声明如下:

一、按照《联合国海洋法公约》的规定,中华人民共和国享有二百海里专属经济区和大陆架的主权权利和管辖权。

二、中华人民共和国将与海岸相向或相邻的国家,通过协商,在国际法基础上,按照公平原则划定各自海洋管辖权界限。

三、中华人民共和国重申对1992年2月25日颁布的《中华人民共和国领海及毗连区法》第二条所列各群岛及岛屿的主权。

四、中华人民共和国重申:《联合国海洋法公约》有关领海内无害通过的规定,不妨碍沿海国按其法律规章要求外国军舰通过领海必须事先得到该国许可或通知该国的权利。

六、中国政府关于领海基线的声明
（1996 年 5 月 15 日 国务院）

中华人民共和国政府今天就中华人民共和国大陆领海的部分基线和西沙群岛的领海基线发表声明。声明全文如下：

中华人民共和国政府
关于中华人民共和国领海基线的声明

中华人民共和国政府根据 1992 年 2 月 25 日《中华人民共和国领海及毗连区法》，宣布中华人民共和国大陆领海的部分基线和西沙群岛的领海基线。

（一）大陆领海的部分基线为下列各相邻基点之间的直线连线：

1. 山东高角（1）北纬 37°24.0′ 东经 122°42.3′

2. 山东高角（1）北纬 37°23.7′ 东经 122°42.3′

3. 镆耶岛（1）北纬 36°57.8′ 东经 122°34.2′

4. 镆耶岛（2）北纬 36°55.1′ 东经 122°32.7′

5. 镆耶岛（3）北纬 36°53.7′ 东经 122°31.1′

6. 苏山岛 北纬 36°44.8′ 东经 122°15.8′

7. 朝连岛 北纬 35°53.6′ 东经 120°53.1′

8. 达山岛 北纬 35°00.2′ 东经 119°54.2′

9. 麻菜珩 北纬 33°21.8′ 东经 121°20.8′

10. 外磕脚 北纬 33°00.9′ 东经 121°38.4′

11. 佘山岛 北纬 31°25.3′ 东经 122°14.6′

12. 海礁 北纬 30°44.1′ 东经 123°09.4′

13. 东南礁 北纬 30°43.5′ 东经 123°09.7′

14. 两兄弟屿 北纬 30°10.1′ 东经 122°56.7′

15. 渔山列岛 北纬 28°53.3′ 东经 122°16.5′

16. 台州列岛（1） 北纬 28°23.9′ 东经 121°55.0′

17. 台州列岛（2） 北纬 28°23.5′ 东经 121°54.7′

18. 稻挑山 北纬 27°27.9′ 东经 121°07.8′

19. 东引岛 北纬 26°22.6′ 东经 120°30.4′

20. 东沙岛 北纬 26°09.4′ 东经 120°24.3′

21. 牛山岛 北纬 25°25.8′ 东经 119°56.3′

22. 乌丘屿 北纬 24°58.6′ 东经 119°28.7′

23. 东碇岛 北纬 24°09.7′ 东经 118°14.2′

24. 大柑山 北纬 23°31.9′ 东经 117°41.3′

25. 南澎列岛（1） 北纬 23°12.9′ 东经 117°14.9′

26. 南澎列岛（2） 北纬 23°12.3′ 东经 117°13.9′

27. 石碑山角 北纬 22°56.1′ 东经 116°29.7′

28. 针头岩 北纬 22°18.9′ 东经 115°07.5′

29. 佳蓬列岛 北纬 21°48.5′ 东经 113°58.0′

30. 围夹岛 北纬 21°34.1′ 东经 112°47.9′

31. 大帆石 北纬 21°27.7′ 东经 112°21.5′

32. 七洲列岛 北纬 19°58.5′ 东经 111°16.4′

33. 观帆 北纬 19°53.0′ 东经 111°12.8′

34. 大洲岛（1） 北纬 18°39.7′ 东经 110°29.6′

35. 大洲岛（2） 北纬 18°39.4′ 东经 110°29.1′

36. 双帆石 北纬 18°26.1′ 东经 110°08.4′

37. 陵水角 北纬 18°23.0′ 东经 110°03.0′

38. 东洲（1）北纬 18°11.0′ 东经 109°42.1′

39. 东洲（2）北纬 18°11.0′ 东经 109°41.8′

40. 锦母角 北纬 18°09.5′ 东经 109°34.4′

41. 深石礁 北纬 18°14.6′ 东经 109°07.6′

42. 西鼓岛 北纬 18°19.3′ 东经 108°57.1′

43. 莺歌嘴（1）北纬 18°30.2′ 东经 108°41.3′

44. 莺歌嘴（2）北纬 18°30.4′ 东经 108°41.1′

45. 莺歌嘴（3）北纬 18°31.0′ 东经 108°40.6′

46. 莺歌嘴（4）北纬 18°31.1′ 东经 108°40.5′

47. 感恩角 北纬 18°50.5′ 东经 108°37.3′

48. 四更沙角 北纬 19°11.6′ 东经 108°36.0′

49. 峻壁角 北纬 19°21.1′ 东经 108°38.6′

（二）西沙群岛领海基线为下列各相邻基点之间的直线连线：

1. 东岛（1）北纬 16°40.5′ 东经 112°44.2′

2. 东岛（2）北纬 16°40.1′ 东经 112°44.5′

3. 东岛（3）北纬 16°39.8′ 东经 112°44.7′

4. 浪花礁（1）北纬 16°04.4′ 东经 112°35.8′

5. 浪花礁（2）北纬 16°01.9′ 东经 112°32.7′

6. 浪花礁（3）北纬 16.01.5′ 东经 112°31.8′

7. 浪花礁（4）北纬 16°01.0′ 东经 112°29.8′

8. 中建岛（1）北纬 15°46.5′ 东经 111°12.6′

9. 中建岛（2）北纬 15°46.4′ 东经 111°12.1′

10. 中建岛（3）北纬 15°46.4′ 东经 111°11.8′

11. 中建岛（4）北纬 15°46.5′ 东经 111°11.6′

12. 中建岛(5) 北纬 15°46.7′ 东经 111°11.4′

13. 中建岛(6) 北纬 15°46.9′ 东经 111°11.3′

14. 中建岛(7) 北纬 15°47.2′ 东经 111°11.4′

15. 北礁(1) 北纬 17°04.9′ 东经 111°26.9′

16. 北礁(2) 北纬 17°05.4′ 东经 111°26.9′

17. 北礁(3) 北纬 17°05.7′ 东经 111°27.2′

18. 北礁(4) 北纬 17°06.0′ 东经 111°27.8′

19. 北礁(5) 北纬 17°06.5′ 东经 111°29.2′

20. 北礁(6) 北纬 17°07.0′ 东经 111°31.0′

21. 北礁(7) 北纬 17°07.1′ 东经 111°31.6′

22. 北礁(8) 北纬 17°06.9′ 东经 111°32.0′

23. 赵述岛(1) 北纬 16°59.9′ 东经 112°14.7′

24. 赵述岛(3) 北纬 16°59.7′ 东经 112°15.6′

25. 赵述岛(3) 北纬 16°59.4′ 东经 112°16.6′

26. 北岛 北纬 16°58.4′ 东经 112°18.3′

27. 中岛 北纬 16°57.6′ 东经 112°19.6′

28. 南岛 北纬 16°56.9′ 东经 112°20.5′

中华人民共和国政府将再行宣布中华人民共和国其余领海基线。

七、中华人民共和国专属经济区和大陆架法

(1998 年 6 月 26 日第九届全国人民代表大会常务委员会第三次会议通过 1998 年 6 月 26 日中华人民共和国主席令第六号公布施行）

　　第一条　为保障中华人民共和国对专属经济区和大陆架行使主权权利和管辖权,维护国家海洋权益,制定本法。

第二条　中华人民共和国的专属经济区,为中华人民共和国领海以外并邻接领海的区域,从测算领海宽度的基线量起延至二百海里。

中华人民共和国的大陆架,为中华人民共和国领海以外依本国陆地领土的全部自然延伸,扩展到大陆边外缘的海底区域的海床和底土;如果从测算领海宽度的基线量起至大陆边外缘的距离不足二百海里,则扩展至二百海里。

中华人民共和国与海岸相邻或者相向国家关于专属经济区和大陆架的主张重叠的,在国际法的基础上按照公平原则以协议划定界限。

第三条　中华人民共和国在专属经济区为勘查、开发、养护和管理海床上覆水域、海床及其底土的自然资源,以及进行其他经济性开发和勘查,如利用海水、海流和风力生产能等活动,行使主权权利。

中华人民共和国对专属经济区的人工岛屿、设施和结构的建造、使用和海洋科学研究、海洋环境的保护和保全,行使管辖权。

本法所称专属经济区的自然资源,包括生物资源和非生物资源。

第四条　中华人民共和国为勘查大陆架和开发大陆架的自然资源,对大陆架行使主权权利。

中华人民共和国对大陆架的人工岛屿、设施和结构的建造、使用和海洋科学研究、海洋环境的保护和保全,行使管辖权。

中华人民共和国拥有授权和管理为一切目的在大陆架上进行钻探的专属权利。

本法所称大陆架的自然资源,包括海床和底土的矿物和其他非生物资源,以及属于定居种的生物,即在可捕捞阶段在海床上或者海床下不能移动或者其躯体须与海床或者底土保持接触才能移动的生物。

第五条　任何国际组织、外国的组织或者个人进入中华人民共和国的专属经济区从事渔业活动,必须经中华人民共和国主管机关批准,并遵守中华人民共和国的法律、法规及中华人民共和国与有关国家签订的条约、协定。

中华人民共和国主管机关有权采取各种必要的养护和管理措施，确保专属经济区的生物资源不受过度开发的危害。

第六条 中华人民共和国主管机关有权对专属经济区的跨界种群、高度洄游鱼种、海洋哺乳动物、源自中华人民共和国河流的溯河产卵种群、在中华人民共和国水域内度过大部分生命周期的降河产卵鱼种，进行养护和管理。

中华人民共和国对源自本国河流的溯河产卵种群，享有主要利益。

第七条 任何国际组织、外国的组织或者个人对中华人民共和国的专属经济区和大陆架的自然资源进行勘查、开发活动或者在中华人民共和国的大陆架上为任何目的进行钻探，必须经中华人民共和国主管机关批准，并遵守中华人民共和国的法律、法规。

第八条 中华人民共和国在专属经济区和大陆架有专属权利建造并授权和管理建造、操作和使用人工岛屿、设施和结构。

中华人民共和国对专属经济区和大陆架的人工岛屿、设施和结构行使专属管辖权，包括有关海关、财政、卫生、安全和出境入境的法律和法规方面的管辖权。

中华人民共和国主管机关有权在专属经济区和大陆架的人工岛屿、设施和结构周围设置安全地带，并可以在该地带采取适当措施，确保航行安全以及人工岛屿、设施和结构的安全。

第九条 任何国际组织、外国的组织或者个人在中华人民共和国的专属经济区和大陆架进行海洋科学研究，必须经中华人民共和国主管机关批准，并遵守中华人民共和国的法律、法规。

第十条 中华人民共和国主管机关有权采取必要的措施，防止、减少和控制海洋环境的污染，保护和保全专属经济区和大陆架的海洋环境。

第十一条 任何国家在遵守国际法和中华人民共和国的法律、法规的前提下,在中华人民共和国的专属经济区享有航行、飞越的自由,在中华人民共和国的专属经济区和大陆架享有铺设海底电缆和管道的自由,以及与上述自由有关的其他合法使用海洋的便利。铺设海底电缆和管道的路线,必须经中华人民共和国主管机关同意。

第十二条 中华人民共和国在行使勘查、开发、养护和管理专属经济区的生物资源的主权权利时,为确保中华人民共和国的法律、法规得到遵守,可以采取登临、检查、逮捕、扣留和进行司法程序等必要的措施。

中华人民共和国对在专属经济区和大陆架违反中华人民共和国法律、法规的行为,有权采取必要措施,依法追究法律责任,并可以行使紧追权。

第十三条 中华人民共和国在专属经济区和大陆架享有的权利,本法未作规定的,根据国际法和中华人民共和国其他有关法律、法规行使。

第十四条 本法的规定不影响中华人民共和国享有的历史性权利。

第十五条 中华人民共和国政府可以根据本法制定有关规定。

第十六条 本法自公布之日起施行。

八、中华人民共和国政府关于钓鱼岛及其 附属岛屿领海基线的声明

(2012 年 9 月 10 日)

中华人民共和国政府根据一九九二年二月二十五日《中华人民共和国领海及毗连区法》,宣布中华人民共和国钓鱼岛及其附属岛屿的领海基线。

（一）钓鱼岛、黄尾屿、南小岛、北小岛、南屿、北屿、飞屿 的领海基线为下列各相邻基点之间的直线连线：

1、钓鱼岛 1　　　北纬 25°44.1′　　　东经 123°27.5′

2、钓鱼岛 2　　　北纬 25°44.2′　　　东经 123°27.4′

3、钓鱼岛 3　　　北纬 25°44.4′　　　东经 123°27.4′

4、钓鱼岛 4　　　北纬 25°44.7′　　　东经 123°27.5′

5、海豚岛　　　　北纬 25°55.8′　　　东经 123°40.7′

6、下虎牙岛　　　北纬 25°55.8′　　　东经 123°41.1′

7、海星岛　　　　北纬 25°55.6′　　　东经 123°41.3′

8、黄尾屿　　　　北纬 25°55.4′　　　东经 123°41.4′

9、海龟岛　　　　北纬 25°55.3′　　　东经 123°41.4′

10、长龙岛　　　北纬 25°43.2′　　　东经 123°33.4′

11、南小岛　　　北纬 25°43.2′　　　东经 123°33.2′

12、鲳鱼岛　　　北纬 25°44.0′　　　东经 123°27.6′

13、钓鱼岛 1　　北纬 25°44.1′　　　东经 123°27.5′

（二）赤尾屿的领海基线为下列各相邻基点之间的 直线连线：

1、赤尾屿　　　　北纬 25°55.3′　　　东经 124°33.7′

2、望赤岛　　　　北纬 25°55.2′　　　东经 124°33.2′

3、小赤尾岛　　　北纬 25°55.3′　　　东经 124°33.3′

4、赤背北岛　　　北纬 25°55.5′　　　东经 124°33.5′

5、赤背东岛　　　北纬 25°55.5′　　　东经 124°33.7′

6、赤尾屿　　　　北纬 25°55.3′　　　东经 124°33.7′

附录二　地图

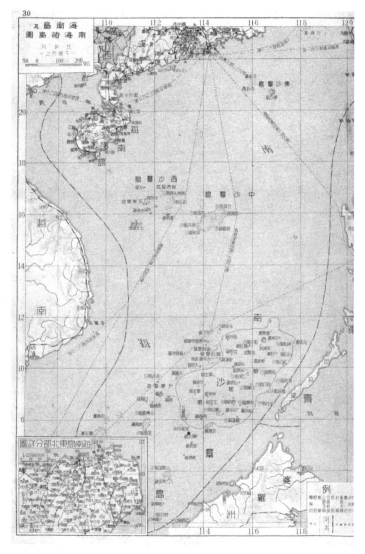

1948 年亚光舆地学社出版的海南岛及南海诸岛图

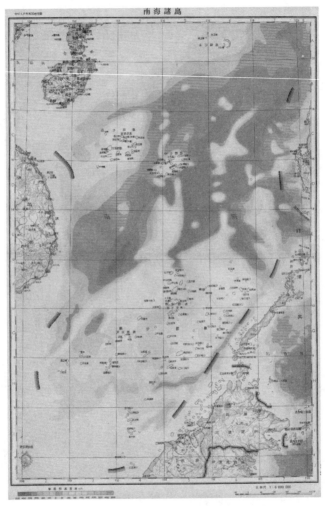

1958 年南海诸岛地图

中文说明：1958 年《中华人民共和国地图集》66. 南海诸岛（上）67. 南海诸岛（下）出版时间：1958 年 2 月北京第一版第五次印刷，地图出版社。行政区划截止时间：1956 年 10月。《中华人民共和国地图集》是建国初期比较有代表性的一本地图集，曾世英是总设计兼主编，本图集是在申报地解放初期的修订本(因故未出版)基础上设计成的。

English Description：Islands on the South Sea.

1834年越南"大南一统图"

　　1834年越南奉若至宝的"大南一统图"中的"黄沙"和"万里长沙"把西方1812年地图中的paracels分成了两部分,北边的叫"黄沙",南边的称为"万里长沙"。越南古代关于黄沙和长沙的记载,西方19世纪初以前关于paracels的记载,都是关于越南近岸岛礁和暗滩,跟中国的西沙和南沙没有任何关系。

附 录 三

人名对照表

A

罗奇　A. G. Roche
马利克　Adam Malik Batubara
亚历山大六世　Alexander VI
安索尼·达玛托　Anthony Damato
瓦茨　Arthur Watts

B

普芬道夫　Baron Samuel von Pufendorf

C

蔡微　Cai Wei
哈里森　Cecil Stanley Harrison
常骏　Chang Jun
查尔斯·C. 海德　Charles Cheney Hyde
查尔斯·德·维歇　Charles De Visscher
陈宜中　Chen Yizhong
陈国华　Chen Guohua
陈镐基　Chen Gaoji
宾刻舒克　Cornelis van Bijnkershoek

D

奥康奈尔　Daniel Patrick O'Connell
戴可来　Dai Kelai
卡莱罗　D. P. O'Connell
德茂　De Mao

丁度　Ding Du
杜伯　Du Bo

E

法泰尔　Emmerich de Vattel
瓦泰尔　Emerich de Vatel

F

法显　Fa Xian
樊开意　Fan Kaiyi
范文同　Fan Wentong
马科斯　Ferdinand Marcos
罗斯福　Franklin Delano Roosevelt
符宏光　Fu Hongguang
傅角今　Fu Jiaojin
傅昆成　Fu Kuncheng

G

甘介候　Gan Jiehou
高兴　Gao Xing
施瓦曾伯格　G. Schwarzenberger
菲茨莫里斯　Gerald Fitzmaurice
郭赓武　Guo Gengwu
郭令智　Guo Lingzhi
郭璞　Guo Pu

H

韩振华　Han Zhenhua

杜鲁门　HarryS. Truman
何休　He Xiu
穆克曼　Hermann Muckermann
海特　Heydte
平田末治　Hirata Sueharu
洪磊　Hong Lei
忽必烈　Hu Bilie
黄任　Huang Ren
格老秀斯　Hugo Grotius

I

布朗利　Ian Brownlie

J

穆尔　J. B. Moore
马立克　Jacob Malik
贾耽　Jia Dan
蒋介石　Jiang Jieshi
姜瑜　Jiang Yu
卡波茨　John Cabot
鞠继武　Ju Jiwu

K

康泰　Kang Tai
柯家裕　Ke Jiayu
约翰王　King John Lackland

L

奥本海　Lassa Francis Lawrence Oppenheim
布切　Leo J. Bouchez
列维·卡莱罗　Levi Fernandes Carneiro
李金明　Li Jinming
黎禄　Li Lu
李鹏　Li Peng
李先念　Li Xiannian
李志民　Li Zhimin
廖廷相　Liao Tingxiang
林遵　Lin Zun
阿巴迪亚　Lisandro Abadia
刘宝银　Liu Baoyin

柳炳华　Liu Binghua
刘深　Liu Shen
亨金　Louis Henkin
卢坤　Lu Kun

M

马延英　Ma Yanying
毛鸿宾　Mao Hongbin
大平正芳　Masayoshi Ohira
马丁·狄克逊　Matin Dixon
胡伯　Max Huber
迈克·曼斯菲尔德　Michael Joseph Mansfield
明宜　Ming Yi
摩可贵　Mo Kegui
莫雷诺·昆塔拉　Moreno Quintana

N

艾赫伦　Nils Claus Ihlen
诺曼·希尔　Norman Hill

O

冈崎博男　Okazako Katsuo
欧阳修　Ouyang Xiu

P

潘子藤　Pan Ziteng
鲍照　Pao Zhao
保罗·塔韦尼埃　Paul Tavernier
裴渊　Pei Yuan
彭运生　Peng Yunsheng
菲利普奥古斯都　Philip Augustus

Q

丘宏达　Qiu Hongda

R

阿尔法罗　Ricardo Joaquin Alfaro
詹宁斯　Robert Yewdall Jennings

案例列表

A

阿根廷与智利边界仲裁案 Argentina-Chile border Arbitration, 1902

C

法国诉土耳其的"荷花号案"Case of "Lotus"(France v. Turkey), 1927, P. C. I. J., Series A10

柬埔寨与泰国关于两国边界之间的柏威夏寺庙争端案 Case ConcerningTemple of Preah Vihear (Cambodia *v.* Thailand), 6 October 1959, ICJ

比利时与荷兰关于边境地区两个村镇的主权争端案 Case Concerning Sovereignty over Certain Frontier Land (Belgium / Netherlands), 27 November 1957, ICJ

"温勃登号案"Case of the S. S. "Wimbledon"(France, Great Britain, Italy, and Japan v. Germany), 1923, P. C. I. J., Series A01

突尼斯—利比亚大陆架划界案 Case Concerning Continental Shelf (Tunisia / Libyan Arab Jamahiriya), 1 December 1978, ICJ

"波属上西里西亚德国利益案"Certain German Interests in Polish Upper Silesia (Preliminary Objections), 1925, P. C. I. J., Series A06

F

英国与挪威渔业案 Fisheries Case (United Kingdom v. Norway), September1949, ICJ

G

"关于在波兰的德国移民问题的咨询意见"German Settlers in Poland, Advisory Opinion, 1923, P. C. I. J., Series B06

挪威与瑞典就格里斯巴丹海上边界争端仲裁案 Grisbadarna Maritime Delimitation Between Norway and Sweden (Norway v. Sweden), 1909

I

美国和荷兰关于帕尔马斯岛争端案件 Island of Palmas Case (United States v. The Netherlands), Perm. Ct. Arb. 1928

J

"关于在亚沃齐卯问题的咨询意见"Jaworzina, Advisory Opinion, 1923, P. C. I. J., Series B08

L

萨尔瓦多与尼加拉瓜关于封塞卡湾争端案 Land, Island and Maritime Frontier Dispute (El Salvador/Honduras: Nicaragua intervening), 11 December 1986

丹麦和挪威关于东格陵兰法律地位案件 Legal Status of Eastern Greenland (Denmark v. Norway), 1933, P. C. I. J., Series A/B53

N

"诺特波姆案"Nottebohm Case (Liechtenstein *v.* Guatemala), 17 December 1951, ICJ

R

印度与巴基斯坦关于面积达 7000 平方英里的卡奇沼泽地争端案 Rann of Hutch Arbitration (Pakistan v. India), 1968

T

"塔巴仲裁案"Taba Arbitration (Israel v. Egypt), 1988

法国与墨西哥关于克里普特岛争端案件 The Clipperton Island Case(France v. Mexico),1931

厄立特里亚与也门关于红海中岛屿归属的争端仲裁案 The Eritrea-Yemen Arbitration Over the Hanish Islands in Red Sea,1996

英法关于曼基耶群岛、艾克里荷群岛主权争端案 The Minquiers and Ecrehos Case (France/United Kingdom),6 December 1951,ICJ

致　　谢

自 20 世纪 90 年代开始研究涉南海法律问题时,就一直得到中国海洋石油总公司赵利先生、赵利国先生的大力支持与帮助,借本书出版,向两位先生表达诚挚的谢意!

本书得以再版,承蒙中国海洋石油总公司各位领导关心与帮助,并获"中国海洋石油总公司赞助",特表示感谢!

杨翠柏

2014 年 10 月 30 日